À plus ! 3

Vokabel-
taschenbuch

Französisch
für Gymnasien

Cornelsen

Liste des mots **Wortliste**

Grundschrift: obligatorischer Wortschatz
kursiv: fakultativer Wortschatz

Symbole und Abkürzungen

~ bezeichnet die Lücke, in die das neue Wort einzusetzen ist.
~[1] Die Fußnote zeigt dir an, dass du auf die Angleichung des Wortes achten musst. Die richtige Lösung findest du auf einem grauen Streifen **am Ende jeder Séquence**.
⚠ Hier musst du besonders gut aufpassen.
le ~ die ~ Vergleiche mit deutschem Artikel.
≠ Gegenteil von
▶ Vergleiche mit bereits bekannten Wörtern.
 Vergleiche mit dem Englischen.

→ Civilisation zeigt dir an, dass du im Petit dictionnaire de civilisation, S. 144–149, weitere Informationen zu dem Begriff findest.
→ Verbes zeigt dir an, dass du in der Liste des verbes, S. 138–143, die Konjugation des Verbs findest.

etw. etwas
jdm/jdn jemandem/jemanden
f. feminin (weiblich)
m. maskulin (männlich)
umg. umgangssprachlich
Pers. Person
Sg. Singular (Einzahl)
Pl. Plural (Mehrzahl)

Pron. Pronomen
Inf. Infinitiv
adj. adjectif (Adjektiv)
adv. adverbe (Adverb)
conj. conjonction (Bindewort)
prép. préposition (Präposition)

fam. familier (umgangssprachlich)
f. féminin (weiblich)
m. masculin (männlich)
pl. pluriel (Plural)
qc quelque chose (etwas)
qn quelqu'un (jemand)

Lerntipp

Viele Wörter kannst du verstehen, wenn du dir überlegst, ob du ein ähnlich lautendes deutsches oder englisches Wort kennst. Lege dir deshalb ein Vokabelheft (Französisch–Englisch–Deutsch) an, in dem du solche ähnlich lautenden Wörter sammelst. Manchmal schreiben sich diese Wörter aber anders oder sie sprechen sich anders aus. Markiere in deinem Vokabelheft also auch immer die Unterschiede, die du beachten musst.

Überall, wo dir diese Lupe begegnet, solltest du nach dem entsprechenden englischen Wort suchen. (→ Lösungen, S. 222)

UNITÉ 1, Approches

Paris [paʀi]	*Hauptstadt Frankreichs* → Civilisation, p. 146	Martin habite depuis trois ans à ~.
Paris-Plage [paʀiplaʒ]	*Stadtstrand in Paris* → Civilisation, p. 148	
la rive [laʀiv]	das Ufer	Blandine se promène souvent le week-end sur les ~[1] de la Seine.
Nanterre [nɑ̃tɛʀ]	*Vorort westlich von Paris* → Civilisation, p. 146	
l'hôtel de ville [lotɛldəvil]	das Rathaus	
la banlieue [labɑ̃ljø]	die Vororte einer Großstadt, der Stadtrand	Beaucoup de gens habitent en ~ mais travaillent à Paris.
le prénom [ləpʀenɔ̃]	der Vorname	Quel est le ~ de ton frère?
américain/e [ameʀikɛ̃/ameʀikɛn] *adj.*	amerikanisch	Véronique adore le cinéma ~.

le Canada [ləkanada]	Kanada → Civilisation, p. 145	Luc part en vacances au ~.
Montréal [mɔ̃ʀeal]	→ Civilisation, p. 146	~ est une grande ville au Canada.
le Québec [ləkebɛk]	→ Civilisation, p. 146	Au ~, on parle français.
les Pays-Bas [lepeibɑ] *m. pl.*	die Niederlande	La famille de Bernard vient des ~.
franco-italien/ne [fʀɑ̃ko-italjɛ̃/fʀɑ̃koitaljɛn] *adj.*	französisch-italienisch	Mario est ~.
Tours [tuʀ]	*Stadt an der Loire* → Civilisation, p. 147	
Naples [napl]	Neapel	~, c'est une ville en France?
l'Italie [litali] *f.*	Italien	Ma ville préférée en ~, c'est Naples.
Louis Chédid [luiʃedid]	*französischer Sänger* → Civilisation, p. 144	
la Tunisie [latynizi]	Tunesien → Civilisation, p. 147	Les grands-parents de Larissa viennent de ~.

l'Espagne [lɛspaɲ] *f.*	Spanien	Mon amie Élodie habite en ~.

Fast alle Ländernamen, die auf -e *enden, sind weiblich:* l'Allemagne *f.*, l'Angleterre *f.*, l'Autriche *f.*, l'Espagne *f.*, l'Italie *f.*, la Belgique, la France, la Turquie, la Pologne, la Serbie, la Croatie

1 rives

UNITÉ 1, SÉQUENCE 1

le choc [ləʃɔk]	der Zusammenstoß	Marc a vu le ~ entre les deux copains.
la culture [lakyltyʀ]	die Kultur	La ~ française est intéressante.

le choc des cultures = der Kulturschock

il y a [ilja]	vor *zeitlich*	Marie est allée à Paris ~ deux ans.

⚠ *Verwechsle nicht:* il y a = es gibt — Dans la classe de Luc **il y a** dix filles.
il y a = vor *zeitlich* — Élodie est allée au Canada **il y a** trois ans.

rencontrer qn [ʀɑ̃kɔ̃tʀe]	jdn treffen, jdn kennen lernen	Gaspard a ~[1] sa copine l'hiver dernier.
haut/e [o/ot] *adj.*	hoch	Cette maison est très ~[2].
la patinoire [lapatinwaʀ]	die Eisbahn	En hiver, j'adore aller à la ~ avec mes copains.
la tour [latuʀ]	der Turm	
la tour Eiffel [latuʀefɛl]	der Eiffelturm → Civilisation, p. 148	On monte sur la ~?
vrai/e [vʀɛ] *adj.*	echt, wahr	Jacques m'aide toujours pour les devoirs: c'est un ~ copain.

Merke: vraiment *adv.* = wirklich

ouille! [uj]	aua!	~! Je suis tombé!
vivre [vivʀ]	leben, etwas erleben → Verbes, p. 142	Tu sais combien de gens ~[3] à Paris?

dangereusement [dɑ̃ʒ(ə)ʀøzmɑ̃] *adv.* ▶ le danger, dangereux/-euse *adj.*	gefährlich	Mon grand-père roule ~.
le patin à glace [ləpatɛ̃aglas]	der Schlittschuh	Mon sport préféré en hiver, c'est le ~.

faire du patin à glace = Schlittschuh laufen

Saint-Germain-en-Laye [sɛ̃ʒɛʀmɛ̃ɑ̃lɛ]	*Vorort südlich von Paris* → Civilisation, p. 146	
le Danemark [lədanmaʀk]	Dänemark	On peut passer de bonnes vacances au ~.
drôlement [dʀolmɑ̃] *adv. fam.* ▶ drôle *m./f. adj.*	*hier:* ganz schön	La tour Eiffel, elle est ~ haute!
dans le sud de [dɑ̃ləsydə] *adv.*	im Süden von	Avignon est ~ la France.
le sud [ləsyd]	der Süden	J'aime le ~!
au bord de [obɔʀdə]	am Ufer von	C'est toujours très beau, ~ la mer.

la Meuse [lamøz]	Maas → Civilisation, p. 146	
la Belgique [labɛlʒik]	Belgien → Civilisation, p. 145	La mère de Paul vient de ~.
l'été [lete] *m.*	der Sommer	En ~, il fait souvent très chaud.
la Côte d'Azur [lakotdazyʀ]	*die französische Riviera, Teil der französischen Mittelmeerküste* → Civilisation, p. 145	Carole a passé ses vacances sur la ~.
malheureusement [maløʀøzmɑ̃] *adv.* ▶ malheureux/-euse *adj.*	leider	Élodie voudrait devenir chanteuse, ~ elle ne sait pas chanter.
la Seine [lasɛn]	*Fluss, der durch Paris fließt* → Civilisation, p. 146	
le ballon [lebalɔ̃]	der Ball	Mon petit frère joue souvent au ~.
bronzer [bʀɔ̃ze]	bräunen, sich sonnen	En été, les gens adorent aller à la plage pour ~.
sûrement [syʀmɑ̃] *adv.* ▶ sûr/e *adj.*	sicherlich	Antoine a perdu le CD préféré de sa sœur: elle va ~ être fâchée.
l'ouest [lwɛst] *m.*	der Westen	Brest est dans l'~ de la France.
à l'ouest [alwɛst]	westlich (von)	La France se trouve ~ de l'Allemagne.

la direction [ladiʀɛksjɔ̃]	die Richtung	Est-ce que c'est la bonne ~ pour aller à Paris-Plage?
le terminus [lətɛʀminys]	die Endstation	Au ~, il faut descendre.
le RER (= le Réseau express régional) [ləɛʀøɛʀ]	*die Pariser S-Bahn*	Pour aller à Saint-Germain-en-Laye, on prend le ~.
Montmartre [mɔ̃maʀtʀ]	*Stadtviertel von Paris* → Civilisation, p. 148	
le Trocadéro [lətʀokadeʀo]	*Park in Paris* → Civilisation, p. 148	
le centre Pompidou [ləsɑ̃tʀpɔ̃pidu]	*Kulturzentrum in Paris* → Civilisation, p. 147	~, c'est aussi un musée.
l'automne [lotɔn] *m.*	der Herbst	Anna est née en ~.

l'hiver *m.*

le printemps

l'été *m.*

l'automne *m.*

le club des cinq [ləklœbdesɛ̃k]	*französischer Titel der Jugendbuchserie „Fünf Freunde“*	
international/e [ɛ̃tɛʀnasjɔnal] *adj.* / **internationaux** [ɛ̃tɛʀnasjɔno] *m. pl.*	international	Paris est une ville ~[4].

1 rencontré 2 haute 3 vivent 4 internationale

UNITÉ 1, SÉQUENCE 2

la surprise [lasyʀpʀiz]	die Überraschung	Aujourd'hui, c'est l'anniversaire d'Hélène: ses amis ont préparé une ~.
Cologne [kolɔɲ]	Köln	Mon correspondant habite à ~.
Charles de Gaulle-Étoile [ʃaʀldəgoletwal]	*U-Bahn-Station in Paris*	
le ticket [lətikɛ]	der Fahrschein, die Fahrkarte	Tu as acheté les ~[1] pour le bus?
le métro [ləmetʀo]	die U-Bahn	Sans ticket, on ne peut pas prendre le ~.
la ligne [laliɲ]	die Linie	À Paris, il y a 14 ~[2] de métro.

Nation [nasjɔ̃]	*U-Bahn-Station in Paris*	
La Motte-Piquet Grenelle [lamɔtpikegʀənɛl]	*U-Bahn-Station in Paris*	
changer [ʃɑ̃ʒe]	*hier:* umsteigen	Pour aller à Charles de Gaulle-Étoile, il faut ~ où?
Boulogne Jean Jaurès [bulɔɲʒɑ̃ʒoʀɛs]	*U-Bahn-Station in Paris*	
prévoir qc [pʀevwaʀ]	etw. vorsehen *wird wie* voir *konjugiert* → Verbes, p. 142	On a ~[3] une excursion pour demain.
compliqué/e [kɔ̃plike] *adj.*	kompliziert	Notre prof est très ~.
se détendre [sədetɑ̃dʀ]	entspannen *wird wie* attendre *konjugiert* → Verbes, p. 139	Après l'école, il faut ~.
avoir la trouille [avwaʀlatʀuj] *fam.*	Schiss haben *umg.*	Odile ~[4] toujours ~ quand elle voit une souris.
la station [lastasjɔ̃] ⚠ Faux ami: station *(engl.)* = der Bahnhof	die Station	La ~ de métro n'est pas loin d'ici.

Javel André Citroën [ʒavɛlɑ̃dʀesitʀoɛn]	*U-Bahn-Station in Paris*	
la bise [labiz]	der Kuss, das Küsschen	En France, les amis se font la ~ pour se dire bonjour.
sortir qc [sɔʀtiʀ]	*hier:* etw. herausnehmen	Tu peux ~ ton livre de ton sac?
le foulard [ləfulaʀ]	der Schal, das Halstuch	Marie a acheté un beau ~ pour sa mère.
bander qc [bɑ̃de]	etw. verbinden	Les copains lui ont ~[5] les yeux.
la voix [lavwa]	die Stimme	La chanteuse a une très belle ~.
agréable [agʀeabl] *m./f. adj.*	angenehm	Ma voisine est une personne très ~.
l'accent [laksɑ̃] *m.*	der Akzent	Luc parle l'allemand avec un petit ~ français.
clair/e [klɛʀ] *adj.*	klar, deutlich	L'eau de ce fleuve est très ~[6].
clairement [klɛʀmɑ̃] *adv.*	klar, deutlich	Tu peux parler plus ~? Je ne comprends rien.
d'habitude [dabityd] *adv.*	gewöhnlich	~, il est toujours à l'heure.
l'habitude [labityd] *f.*	die Gewohnheit, die Angewohnheit	Beaucoup de Français ont l'~ de manger un fruit au dessert.

le bruit [ləbʀɥi]	das Geräusch, der Lärm	Il y a beaucoup de ~ dans ta rue.
lent/e [lɑ̃/lɑ̃t] *adj.*	langsam	C'est une voiture très ~[7].
lentement [lɑ̃tmɑ̃] *adv.* lentement ≠ vite	langsam	Mon grand-père roule ~, il est très prudent.
l'avion [lavjɔ̃] *m.*	das Flugzeug	Pour aller à Lyon, on prend le train ou l'~?
avancer [avɑ̃se]	voranschreiten *wird wie* commencer *konjugiert* → Verbes, p. 138	Aujourd'hui, je n' ~[8] pas dans mon travail.
enlever qc [ɑ̃ləve] enlever ≠ mettre	*hier:* etw. ausziehen, etw. ablegen *wird wie* acheter *konjugiert* → Verbes, p. 138	Il ne fait pas froid, mais mon petit frère ne veut pas ~ son anorak.
stupéfait/e [stypefɛ/stypefɛt] *adj.*	verblüfft	Paul était ~ quand il a vu sa grand-mère à Paris-Plage.
Montparnasse [mɔ̃paʀnas]	*Stadtviertel in Paris* → Civilisation, p. 148	
le sud-est [ləsydɛst]	der Südosten	Lyon est une ville dans le ~ de la France.

l'est [lɛst] *m.* der Osten

Merke

au sud de = südlich von
dans le sud de = im Süden von

1 tickets 2 lignes 3 prévu 4 a 5 bandé 6 claire 7 lente 8 avance

UNITÉ 1, SÉQUENCE 3

le tuyau [lətɥijo] / **les tuyaux** [letɥijo]	*hier:* der Tipp	Voilà notre ~ pour passer un week-end sympa à Paris.
plein/e [plɛ̃/plɛn] *adj.*	voll	Mon verre est ~.
plein de [plɛ̃də]	*hier:* viele	Il y a ~ gens dans le musée!
le moyen de transport [ləmwajɛ̃dətʀɑ̃spɔʀ]	das Verkehrsmittel	La voiture est un ~.
le Louvre [ləluvʀ]	*Museum in Paris* → Civilisation, p. 148	Le ~ est un musée très célèbre à Paris.

l'Arc de triomphe [laʀkdətʀijɔ̃f] *m.*	*Sehenswürdigkeit in Paris* → Civilisation, p. 147	
l'Étoile [letwal]	*Platz in Paris* → Civilisation, p. 148	
original/e [ɔʀiʒinal] *adj.* / **originaux** [ɔʀiʒino] *m. pl.*	originell	Ce cadeau est ~!
la pyramide [lapiʀamid]	die Pyramide	Il y a une grande ~ de verre devant le Louvre.
le jardin des Tuileries [ləʒaʀdɛ̃detɥilʀi]	*Park in Paris* → Civilisation, p. 148	
les Champs-Élysées [leʃɑ̃zelize]	*Prachtboulevard in Paris* → Civilisation, p. 147	
Virgin [viʀdʒin]	*großer Musikladen in Paris*	
la Fnac [lafnak]	*französische Medienkaufhauskette* → Civilisation, p. 149	
être ouvert/e [ɛtʀuvɛʀ/uvɛʀt] être ouvert/e ≠ être fermé/e	geöffnet sein	Tu crois que la Fnac ~[1] le dimanche?

l'île Saint-Louis [lilsɛ̃lwi]	*Insel in der Seine im Zentrum von Paris* → Civilisation, p. 148	
calme [kalm] *m./f. adj.*	ruhig	Paris n'est pas une ville ~.
la queue [lakø]	die Schlange	Pour entrer au Louvre, il faut faire la ~.
la glace [laglas]	das (Speise-)Eis	Quand il fait chaud, j'aime manger de la ~.
la capitale [lakapital]	die Hauptstadt	Comment s'appelle la ~ de la France?
le frisson [ləfʀisɔ̃]	das Zittern	Si vous aimez les ~[2], regardez les films d'Alfred Hitchcock.
les Catacombes [lekatakɔ̃b] *f. pl.*	die Katakomben → Civilisation, p. 147	
impressionnant/e [ɛ̃pʀesjɔnɑ̃/ɛ̃pʀesjɔnɑ̃t] *adj.*	beeindruckend	Les Catacombes sont ~[3].
romantique [ʀomɑ̃tik] *m./f. adj.*	romantisch	Ce petit parc est un endroit très ~.
le cimetière du Père-Lachaise [ləsimtjɛʀdypɛʀ-laʃɛz]	*historischer Friedhof in Paris* → Civilisation, p. 147	

le cimetière [ləsimtjɛʀ]	der Friedhof	Ma tante habite derrière le ~.
l'arrondissement [laʀɔ̃dismɑ̃] *m.*	der Stadtbezirk	Dans quel ~ se trouve le Louvre?

Paris ist seit 1860 in 20 Stadtbezirke, die Arrondissements, untergliedert. Sie sind bis 20 durchnummeriert und durchziehen die Stadt spiralförmig von innen nach außen. Das 1. Arrondissement liegt im historischen Stadtkern, der Gegend des Louvre, das 20. Arrondissement im Osten der Stadt, der Gegend des Père-Lachaise. Jedes Arrondissement hat einen Bürgermeister und ein eigenes Rathaus.

la tombe [latɔ̃b]	das Grab	Au cimetière du Père Lachaise on trouve la ~ de Molière.
le/la mort/e [ləmɔʀ/lamɔʀt]	der/die Tote	Tu connais un ~ célèbre?
Molière [moljɛʀ]	*französischer Theaterautor* → Civilisation, p. 145	
Frédéric Chopin [fʀedeʀikʃɔpɛ̃]	*französisch-polnischer Komponist* → Civilisation, p. 144	
Jim Morrison [djimoʀisɔn]	*Sänger der Rockband „The Doors"*	
le quotidien [ləkɔtidjɛ̃]	der Alltag	Pendant des vacances, on oublie le ~.

le cinaxe [ləsinaks]	*Panoramakino in Paris*	
la Cité des sciences [lasitedesjɑ̃s]	*moderne Museumsstadt in Paris* → Civilisation, p. 148	
la simulation de vol [lasimylasjɔ̃dvɔl]	die Flugsimulation	On ne vit pas tous les jours une ~.
la Géode [laʒeɔd]	*Bauwerk in der Cité des sciences* → Civilisation, p. 148	
le lèche-vitrines [ləlɛʃvitʀin]	der Schaufensterbummel	Mes copines et moi, on adore faire du ~.
les Halles [leal]	*Einkaufszentrum in Paris* → Civilisation, p. 148	
(ê)**se balader** [səbalade]	spazieren gehen	~ à Paris, c'est sympa.
le plus confortablement du monde [ləplykɔ̃fɔʀtabləmɑ̃dymɔ̃d] *adv.* ▶ confortable *m./f. adj.*	superbequem, am allerbequemsten	Dans les Halles, on peut se balader ~.
la galerie Vivienne [lagalʀivivjɛn]	*Einkaufspassage in Paris* → Civilisation, p. 148	

le passage Jouffroy [ləpɑsaʒufʀwa]	*Einkaufspassage in Paris* → Civilisation, p. 148	
le boulevard Montmartre [ləbulvaʀmɔ̃maʀtʀə]	*Straße in Paris*	
le jeu [ləʒø] / **les jeux** [leʒø] *pl.* ▶ jouer	das Spiel	Mon petit frère n'aime pas les ~[4] de cartes parce qu'il perd souvent.
la boutique [labutik]	der Laden, die Boutique	Dans le passage Jouffroy, il y a de petites ~[5] originales.
ancien/ne [ɑ̃sjɛ̃/ɑ̃sjɛn] *adj.* ancien/ne ≠ nouveau/-elle	alt, ehemalig	Ce dessin est très ~.
vide [vid] *m./f. adj.* vide ≠ plein/e	leer	Aujourd'hui, notre ciné est ~.
faire le tour de qc [fɛʀlətuʀ]	*hier:* einen Rundgang, eine Rundfahrt machen	On peut ~ Berlin en bus.
voyager [vwajaʒe] ▶ le voyage	reisen *wird wie* manger *konjugiert* → Verbes, p. 138	Presque tout le monde aime ~.
le siècle [ləsjɛkl]	das Jahrhundert	Au 18e ~ il n'y avait pas de voitures.

le mieux [ləmjø]	das Beste, am besten	~, c'est d'apprendre beaucoup de langues.
au moins [omwɛ̃]	mindestens	Je vais ~ une fois par mois au cinéma.

1 est ouverte 2 frissons 3 impressionnantes 4 jeux 5 boutiques

UNITÉ 2, Approches

le **rat** [ləʀa]	die Ratte	Tu connais la fable «Le ~ et l'éléphant»?

„Les petits rats de l'Opéra" *ist der Name des Kinderballetts der Pariser Oper, das im Jahre 2013 seinen 300. Geburtstag feiern wird und noch heute professionelle Tänzer ausbildet. Der Name ist auf die früheren ungepflegten und unhygienischen Ausbildungsräumlichkeiten im Opernhaus zurückzuführen, in denen die Ballettschüler „wie Ratten" hausten. Heute findet der Unterricht in einer modernen Tanzschule statt.*

l'opéra [lɔpeʀa] *m.*	die Oper	Tu aimes l'~?
aller pour le mieux [alepuʀləmjø]	alles bestens gehen	À l'école, tout ~[1].

le concours d'entrée [ləkɔ̃kuʀdɑ̃tʀe]	die Aufnahmeprüfung	Pour devenir élève au conservatoire, il faut passer un ~.
réunir [ʀeyniʀ]	versammeln *wird wie* réagir *konjugiert* → Verbes, p. 139	La famille est ~^{2} pour le week-end.
la marraine [lamaʀɛn]	die (Tauf-)Patin	Ma ~ me fait toujours de beaux cadeaux.
aîné/e [ɛne] *adj.*	älterer/ältere	Pierre est le frère ~ de Marie.
fêter qc [fɛte]	etw. feiern	Demain, je ~^{3} mon anniversaire.
le succès [ləsyksɛ]	der Erfolg	Le nouveau CD de Louis Chédid a beaucoup de ~.
tout à coup [tutaku]	plötzlich, auf einmal	Il faisait beau et ~ il a commencé à pleuvoir.
l'ambiance [lɑ̃bjɑ̃s] *f.*	die Stimmung, das Ambiente	Hier soir, chez Sylvie, il y avait une bonne ~.
le repas [ləʀəpɑ]	das Essen, die Mahlzeit	Ce soir, je prépare le ~.
réussi/e [ʀeysi] *adj.*	gelungen	Ce gâteau est vraiment ~.
bizarre [bizaʀ] *m./f. adj.*	merkwürdig	Jules est ~: il ne parle à personne.

sensible [sɑ̃sibl] *m./f. adj.* ⚠ Faux ami: sensible *(engl.)* = vernünftig	empfindlich, sensibel	Cette fille est très ~.
réussir (qc) [ʀeysiʀ]	gelingen, etw. schaffen *wird wie* réagir *konjugiert* → Verbes, p. 139	Anna va sûrement ~ son exposé.
voilà que [vwalakə]	nun	~[4] il pleut maintenant!
ça se fête [sasəfɛt]	das wird gefeiert	Un succès, ~!
danser [dɑ̃se] ▶ la danse	tanzen	Tu aimes ~?
la remarque [laʀəmaʀk]	die Bemerkung	C'est une bonne ~.
le chausson [ləʃosɔ̃]	der Ballettschuh	Les ~[5] de Marina sont roses.
gâté/e [gɑte] *adj.*	verwöhnt	Les enfants de ma voisine sont trop ~[6].
(ê)**se prendre pour qn** [səpʀɑ̃dʀpuʀ]	sich für jdn halten	Ma sœur ~[7] une artiste.
dire ses quatre vérités à qn [diʀsekatʀveʀite]	Klartext sprechen	Paul est vraiment égoïste: il faut lui ~.

prendre des gants [pʀɑ̃dʀədegɑ̃]	*etwa:* (jdn) mit Samthandschuhen anfassen	Il faut ~ avec lui!
la fête [lafɛt] ▶ fêter qc	die Feier, die Fete	Pour mon anniversaire je vais faire une grande ~.

1 va pour le mieux 2 réunie 3 fête 4 Voilà qu'il 5 chaussons 6 gâtés 7 se prend pour

UNITÉ 2, CHAPITRE 1

claquer qc [klake]	*hier:* etw. zuschlagen	Tu as entendu ~ la porte?
courir [kuʀiʀ]	rennen, laufen → Verbes, p. 139	J'adore ~, c'est bon pour la forme.
(ê)**se souvenir de qn/qc** [səsuvniʀ] ▶ le souvenir	sich erinnern an etw./jdn *wird wie* venir *konjugiert* → Verbes, p. 142	Je ne ~[1] pas ~ mon premier jour d'école.
le drame [lədʀam]	das Drama	Un 8 en maths, ce n'est pas un ~.
avoir l'air [avwaʀlɛʀ]	aussehen	Tu ~[2] fatigué, tu as mal dormi?
utiliser qc [ytilize] ▶ utile *m./f. adj.*, inutile *m./f. adj.*	etw. benutzen	Est-ce que je peux ~ ton stylo?

pâle [pɑl] *m./f. adj.*	blass	Elle est ~ parce qu'elle n'a pas assez mangé.
la porte d'entrée [lapɔʀtdɑ̃tʀe]	Eingangstür, Haustür	Ferme la ~, il fait froid!
Qu'est-ce qui lui prend? [kɛskilɥipʀɑ̃]	Was ist los mit ihm/ihr?	
au bout de [obudə] *adv.*	am Ende, nach	~ deux heures, sa mère a téléphoné.
décider de + *inf.* [deside]	entscheiden, beschließen etw. zu tun	Pour aller à Paris, elle a ~[3] prendre le train.
seulement [sœlmɑ̃] *adv.* ▸ seul/e *adj.*	nur	~ quelques élèves ont réussi le concours d'entrée.
parmi [paʀmi]	zwischen, unter, von	Elle est la seule blonde ~ ses copines.
(ê)**passer en** [pɑseɑ̃]	versetzt werden	Jean ne ~[4] pas ~ quatrième.
inséparable [ɛ̃sepaʀabl] *m./f. adj.*	unzertrennlich	Sophie et Matthias sont toujours ensemble: ils sont ~[5].
l'internat [lɛ̃tɛʀna] *m.*	das Internat	Pendant la semaine, ma sœur habite dans un ~.

la scène [lasɛn]	die Szene	La dernière ~ du film était bizarre.
raccrocher [ʀakʀɔʃe]	auflegen *Telefon*	Tu peux ~ maintenant, je t'ai tout dit.
l'impression [lɛ̃pʀɛsjɔ̃] *f.* ▶ impressionant/e *adj.*	der Eindruck	Ma nouvelle jupe fait une bonne ~.
avoir l'impression [avwaʀlɛ̃pʀɛsjɔ̃]	den Eindruck haben	Max est pâle: j'~[6] qu'il est malade.

1 me souviens 2 as l'air 3 décidé de 4 passe pas en 5 inséparables 6 ai l'impression

UNITÉ 2, CHAPITRE 2

gâcher qc [gɑʃe]	etw. verderben	J'ai tout ~[1]! dit Marina
répéter qc [ʀepete]	etw. wiederholen → Verbes, p. 138	
[(ê)]**se répéter** [səʀepete]	sich wiederholen → Verbes, p. 138	La prof ~[2] toujours!
chaque [ʃak] *m./f. Begleiter*	jeder/jede/jedes	~ matin, Louis prend le bus à 7 heures.
chacun/e [ʃakɛ̃/ʃakyn] *pron.*	jeder/jede	Thomas a beaucoup d'amis: il écrit une carte à ~.

le souci [ləsusi]	die Sorge	Tu es tout triste. Tu as des ~³?

se faire du souci = sich Sorgen machen

le bureau [ləbyʀo] / **les bureaux** [lebyʀo]	das Büro, das Arbeitszimmer *auch:* der Schreibtisch	Sur le ~ de mon père, il y a beaucoup de livres.

un nouveau bureau 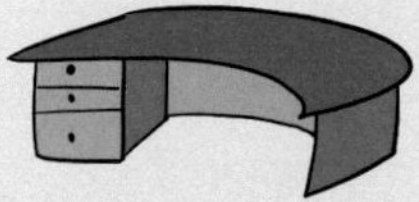 le bureau de ma mère 

chéri/e [ʃeʀi]	Liebling	Je t'aime, mon ~!
de plus en plus [dəplysɑ̃ply(s)]	mehr und mehr, immer mehr	J'ai ~ faim.
la situation [lasitɥasjɔ̃]	die Situation, die Lage	Sa ~ est mauvaise.
Marseille [maʀsɛj]	*französische Hafenstadt am Mittelmeer* → Civilisation, p. 146	
la veille [lavɛj]	der Vorabend	La ~ d'une interro, il a peur.

la félicitation [lafelisitasjɔ̃]	der Glückwunsch	Mes ~[4] pour ton succès!
boire qc [bwaʀ] ▶ la boisson	etw. trinken → Verbes, p. 139	Tu as soif? Tu veux ~ quelque chose?
le champagne [ləʃɑ̃paɲ]	der Champagner, der Sekt	Ma grand-mère boit souvent du ~.
le cauchemar [ləkoʃmaʀ]	der Albtraum	La nuit dernière, elle a fait un ~.
(ê)**s'arrêter** [saʀɛte] s'arrêter ≠ continuer	anhalten, stehen bleiben	Il faut toujours ~ au feu rouge.
merveilleux/-euse [mɛʀvɛjø/mɛʀvɛjøz] *adj.*	wunderbar, wundervoll	Paris est une ville ~[5].
le palais [ləpalɛ]	der Palast, das Palais	Quelques riches habitent dans des ~.
le rêve [ləʀɛv] ▶ rêver	der Traum	Cette nuit, j'ai fait un ~ bizarre.
la feuille [lafœj]	das Blatt	En automne, on trouve beaucoup de ~[6] dans la rue.
l'arbre [laʀbʀ] *m.*	der Baum	Il y a beaucoup d'~[7] dans le parc.
autour de [otuʀdə]	um ... herum	C'est joli, les fleurs ~ la maison!

Maurice Ravel [mɔʀisʀavɛl]	*französischer Komponist* → Civilisation, p. 145	
pieds nus [pjeny]	barfuß	Sur la plage, on marche ~.

1 gâché 2 se répète 3 soucis 4 félicitations 5 merveilleuse 6 feuilles 7 arbres

UNITÉ 2, CHAPITRE 3

l'école primaire [lekɔlpʀimɛʀ] *f.*	die Grundschule	À six ans, on entre à l'~.
de temps en temps [dətɑ̃zɑ̃tɑ̃]	von Zeit zu Zeit, ab und zu	~, je fais des promenades avec le chien de ma voisine.
avoir envie de + *inf.* [avwaʀɑ̃vi]	Lust haben etw. zu tun	Est-ce que tu ~[1] danser?
être assis/e [ɛtʀasi/ɛtʀasiz]	sitzen	Les filles ~[2] sur les chaises.
la marche [lamaʀʃ]	die Stufe	Il est assis sur une ~.
l'escalier [lɛskalje] *m.*	die Treppe	L'~ a 30 marches.

avoir besoin de + *inf.* ou **qn/qc** [avwaʀbəswɛ̃də]	brauchen, jdn/etw. brauchen	Tu n'~³ pas ~ m'aider!

Es gibt viele nützliche Wendungen mit avoir. *Lerne sie am besten auswendig.*

avoir 15 ans = 15 Jahre alt sein	avoir besoin de qn/qc = jdn/etw. brauchen
avoir de la chance = Glück haben	avoir envie de + *inf.* = Lust haben, etw. zu tun
avoir l'air (content) = (zufrieden) aussehen	avoir peur de qc/qn = vor jdm/etw. Angst haben
avoir faim/soif = Hunger/Durst haben	avoir le temps de + *inf.* = Zeit haben
avoir mal = Schmerzen haben	avoir l'impression de + *inf.* = den Eindruck haben
avoir raison = Recht haben	
avoir rendez-vous = verabredet sein	

rater qc [ʀate] rater qc ≠ réussir qc	etw. nicht schaffen, etw. verpassen, durchfallen	Marina a ~⁴ le bus.
l'examen [lɛgsamɛ̃] *m.*	die Prüfung	Il prépare son ~ de piano.
la boîte aux lettres [labwatolɛtʀ]	der Briefkasten	J'ai trouvé une carte dans la ~.
imaginer qc [imaʒine]	sich etw. vorstellen	C'est dur d'~ un monde sans pollution!
l'astronaute [lastʀɔnot] *m./f.*	der/die Astronaut/in	Antoine veut devenir ~.

le/la charcutier/-ière [ləʃaʀkytje/laʃaʀkytjɛʀ]	der Metzger, der Fleischer	Il y a un très bon ~ dans ma rue.
tout à fait [tutafɛ]	genau, ganz	Tu as ~ raison.
le danseur étoile [lədɑ̃søʀ-etwal] / **la danseuse étoile** [ladɑ̃søzetwal]	der/die Startänzer/in, die Prima-ballerina	Elle voudrait devenir ~.
furieux/-euse [fyʀjø/fyʀjøz] *adj.*	wütend	Pourquoi est-ce qu'il est ~?
la pression [lapʀɛsjɔ̃]	der Druck	Parfois, on sent beaucoup de ~ au col-lège.
être sous pression [ɛtʀsupʀɛsjɔ̃]	unter Druck stehen	On ~[5] avant un examen.
fier/fière (de qn/qc) [fjɛʀ] *adj.*	stolz (auf jdn/etw.)	Mon père est très ~ de mes succès au foot.
décevoir qn [desvwaʀ]	jdn enttäuschen *wird wie* recevoir *konjugiert* → Verbes, p. 141	Marina ne voulait pas ~ ses parents.

finir (qc) [finiʀ] finir (qc) ≠ commencer (qc)	enden, etwas beenden *wird wie* réagir *konjugiert* → Verbes, p. 139	Tu as déjà ~[6] tes devoirs?

Folgende Infinitivergänzungen mit de *kannst du bilden:*

accepter de + *inf.*	avoir envie de + *inf.*	ça me plaît de + *inf.*	essayer de + *inf.*	proposer de + *inf.*
arrêter de + *inf.*	avoir peur de + *inf.*	décider de + *inf.*	finir de + *inf.*	rêver de + *inf.*
avoir besoin de + *inf.*	avoir raison de + *inf.*	demander (à qn) de + *inf.*	oublier de + *inf.*	

la fuite [lafɥit]	die Flucht	
le pire [ləpiʀ] le pire ≠ le mieux	das Schlimmste	Pour les parents, une mauvaise note, c'est souvent ~.

1 as envie de 2 sont assises 3 as pas besoin de 4 raté 5 est sous pression 6 fini

UNITÉ 3, Approches

quotidien/ne [kɔtidjɛ̃/kɔtidjɛn] *adj.*	täglich, alltäglich	La vie ~[1] n'est pas toujours très drôle.

À table! [atablə]	*etwa:* Das Essen ist fertig!, Zu Tisch!	
le bol [ləbɔl]	die Trinkschale	Les Français boivent leur café dans un ~.
le **chocolat** [ləʃɔkɔla]	**die** Schokolade	J'aime le ~.
le café au lait [ləkafeolɛ]	der Milchkaffee	Tu prends du ~ au petit déjeuner?
la tartine [lataʀtin]	das Butterbrot, das belegte Brot	Magali mange une ~ le matin.
la confiture [lakɔ̃fityʀ]	die Marmelade	Ma tante fait toujours de la ~ en été.
mauvais/e [movɛ/movɛz] *adj.* mauvais/e ≠ bon/ne	schlecht	Il n'est pas ~, ce café au lait.
le déjeuner [lədeʒœne]	das Mittagessen	On prend le ~ à midi.
le plat [ləpla]	das Gericht, der Teller	Les frites sont le ~ préféré de Paul.
les crudités [lekʀydite] *f. pl.*	der Rohkostsalat	Amélie aime les ~, surtout les tomates.
la charcuterie [laʃaʀkytʀi]	der Wurst- und Fleischaufschnitt	Thomas adore la ~.
la viande [lavjɑ̃d]	das Fleisch	Catherine ne mange pas de ~.
comme [kɔm]	*hier:* als	Qu'est-ce que vous prenez ~ dessert?

le fromage [ləfʀɔmaʒ]	der Käse	En France, on mange beaucoup de ~.

In Frankreich wird am Ende einer Mahlzeit häufig Käse angeboten. Dabei kann der Käse entweder die Nachspeise ersetzen oder es gibt erst Käse und dann noch ein süßes Dessert.

le yaourt [ləjauʀt]	der Joghurt	Mon ~ n'est pas bon. Je ne le mange pas.
le steak [ləstɛk]	das Steak	Je prends un ~ avec des frites.
saignant/e [sɛɲɑ̃/sɛɲɑ̃t] *adj.*	blutig	Tu veux ton steak ~?
cuit/e [kɥi/kɥit] *adj.*	durch(gebraten)	Un steak bien ~, s'il vous plaît.

In Frankreich wirst du in der Regel gefragt, ob du dein Steak „saignant“ *oder* „bien cuit“ *möchtest. Den deutschen Essgewohnheiten entspricht eher ein durchgebratenes Steak, während ein nicht durchgebratenes Steak in der Tat noch sehr blutig sein kann.*

gros/se [gʀo/gʀɔs] *adj.*	groß, dick	Cette pomme est très ~[2].
le morceau [ləmɔʀso] / **les morceaux** [lemɔʀso]	das Stück	Je veux un ~ de pain.
le potage [ləpɔtaʒ]	die Suppe	Les Français mangent souvent un ~ au dîner.
le gratin [ləgʀatɛ̃]	der Auflauf	Le ~ est une spécialité française.
les pâtes [lepɑt] *f. pl.*	die Nudeln	Tous les enfants adorent les ~.
la **salade** [lasalad]	der Salat	Ce soir, je prépare une ~ de tomates.
(ê)**se mettre à table** [səmɛtʀatabl]	sich an den Tisch setzen	Dans la famille de ma corres on ~[3] à 20 heures.
(ê)**sortir de table** [sɔʀtiʀdətabl]	vom Tisch aufstehen	Après le repas, on ~[4].

1 quotidienne 2 grosse 3 se met à table 4 sort de table

UNITÉ 3, SÉQUENCE 1

la dinde [ladɛ̃d]	die Pute	On achète du poulet ou de la ~?
le blog [ləblɔg]	der Blog *persönliche Website, die als Tagebuch verwendet werden kann*	J'adore regarder le ~ de mon copain.

Unterscheide:

le jour	der Tag *als Zähleinheit*	Romain est allé à Paris **il y a trois jours.**
la journée	der Tag *in seinem Verlauf*	Catherine jouait de la guitare **pendant toute la journée**.

(ê)**s'amuser** [samyze]	sich amüsieren, Spaß haben	En cours de maths on ne ~[1] pas beaucoup.
(ê)**se coucher** [səkuʃe]	schlafen gehen, sich hinlegen	Je vais ~[2] à 22 heures ce soir.
impossible (de + *inf.***)** [ɛ̃pɔsibl] *adj.* impossible ≠ possible	unmöglich (etw. zu tun)	C'est ~ de faire cet exercice d'anglais.
(ê)**s'endormir** [sɑ̃dɔʀmiʀ]	einschlafen *wird wie* sortir *konjugiert* → Verbes, p. 142	Quelquefois on ne peut pas ~.

être crevé/e [ɛtʀkʀəve] *fam.*	fix und fertig sein	Lio et Jeanne ont couru pendant deux heures, maintenant elles sont ~[3].
(ê)**se lever** [sələve]	aufstehen *wird wie* peser *konjugiert* → Verbes, p. 138	À quelle heure est-ce que tu ~[4] le matin?
(ê)**s'habiller** [sabije]	sich anziehen	Elle ~[5] avant de partir au collège.
(ê)**se doucher** [sədyʃe]	duschen	D'habitude, après le sport on ~[6].
(ê)**s'énerver contre qn** [senɛʀve]	sich über jdn aufregen	Je ~[7] souvent ~ mon frère.
(ê)**se disputer avec qn** [sədispyte]	sich streiten	Tu ~[8] souvent avec tes parents?
(ê)**se séparer** [səsepaʀe] ▶ inséparable *m./f. adj.*	sich trennen	Les parents de Coralie se disputent beaucoup et veulent ~.
(ê)**arriver** [aʀive]	*hier:* passieren	Ça ne m'~[9] pas souvent d'être en retard.
Noël [nɔɛl] *m.*	Weihnachten → Civilisation, p. 149	Les enfants adorent ~ parce qu'ils reçoivent des cadeaux.

le réveillon [ləʀevejɔ̃]	*Festessen zu Weihnachten oder Neujahr*	Le ~, c'est le 24 et le 31 décembre.

In Frankreich versammelt man sich am Heiligen Abend und an Silvester zu üppigen Festessen. Traditionelle Speisen sind Pute mit Maronen, foie gras *(Gänseleberpastete), Austern, Schnecken, die* Bûche de Noël *und verschiedene Sorten Pralinen. In der Provence serviert man häufig dreizehn verschiedene Desserts (z. B. Mandarinen, Trockenfrüchte, Nüsse, Mandeln, Nougat), die Jesus mit seinen zwölf Jüngern symbolisieren.*

croire [kʀwaʀ]	glauben → Verbes, p. 140	Il ~[10] qu'il est bon en maths.
tout le temps [tulətɑ̃]	die ganze Zeit	Je m'ennuie ~ quand je suis seul.
l'apéritif [lapeʀitif] *m.*	der Aperitiv	Avant de manger, on prend l'~.
bâiller [baje]	gähnen	Je ~[11] beaucoup quand je suis fatigué.
l'huître [lɥitʀ] *f.*	die Auster	Il n'aime pas les ~[12].

la bûche de Noël [labyʃdnɔɛl]	*Weihnachtskuchen in Form eines Holzscheits*	En France, le soir de Noël, on mange de la ~ comme dessert.
vieux/vieil [vjø/vjɛj] *m./* **vieille** [vjɛj] *f. adj.* vieux ≠ jeune	alt	Sa grand-mère a 90 ans: elle est déjà très ~[13].

Die folgenden Adjektive haben zwei männliche Formen im Singular: beau/bel; nouveau/nouvel; vieux/vieil.

un beau garçon – un bel homme
un nouveau professeur – un nouvel élève
un vieux chien – un vieil éléphant

électronique [elɛktʀɔnik] *m./f. adj.*	elektronisch	Romain et sa sœur ont eu des jeux ~[14] pour Noël.
le lendemain [ləlɑ̃dmɛ̃] le lendemain ≠ la veille	am nächsten Tag	Le ~, il est allé chez ses amis.
l'avocat/e [lavoka/lavokat]	der Rechtsanwalt, die Rechtsanwältin	Mon frère veut être ~.
le coude [ləkud]	der Ellenbogen	Je suis tombé sur le bras et je me suis cassé le ~.

les manières [lemanjɛʀ] *f. pl.*	die (guten) Manieren	Le copain de Ludivine n'a pas de bonnes ~.
le Père Noël [ləpɛʀnɔɛl]	der Weihnachtsmann	Le ~ apporte les cadeaux aux enfants.
au pied de [opjedə]	*hier:* unter	~ l'arbre de Noël, il y a les cadeaux.
le commentaire [ləkɔmɑ̃tɛʀ]	der Kommentar	Je n'aime pas ses ~[15].

1 s'amuse 2 me coucher 3 crevées 4 te lèves 5 s'habille 6 se douche 7 m'énerve souvent contre 8 te disputes 9 arrive 10 croit 11 bâille 12 huîtres 13 vieille 14 électroniques 15 commentaires

UNITÉ 3, SÉQUENCE 2

le poème [ləpɔɛm]	das Gedicht	Clément Marot a écrit de très beaux ~[1].
la crise [lakʀiz]	die Krise	Le pays est en ~.
la patate [lapatat] *fam.*	*hier:* der Blödmann *auch:* die Kartoffel	Ton frère, c'est une vraie ~.
la bêtise [labɛtiz]	die Dummheit, der Unsinn	Il a fait une grosse ~.
⁽ᵉ̂⁾**se débrouiller** [sədebʀuje]	zurechtkommen, sich durchwursteln *umg.*	Lucie apprend l'allemand depuis deux ans: elle ~[2] assez bien.

l'embrouille [lɑ̃bʀuj] *f. fam.*	das Wirrwarr, die Verwicklung	Je n'aime pas les ~[3].
le roi / la reine [ləʀwa/laʀɛn]	der König, die Königin	Louis XIV a été ~ de France de 1643 à 1715.
le despote [lədɛspɔt]	der Despot	Heureusement, il n'y a plus de ~[4] en Europe.
le pote [ləpot] *fam.*	der Kumpel	~, ça veut dire copain.
le saint-bernard [ləsɛ̃bɛʀnaʀ]	der Bernhardiner	Je veux un chien, un ~.

Der Name dieser Hunderasse geht auf den Heiligen Bernhard zurück, der im 10. Jahrhundert in den Schweizer Alpen am heutigen Sankt-Bernhard-Pass ein Kloster gründete und schon damals Hunde mit sich führte. Seit ca. 300 Jahren züchten die Mönche hier den Bernhardiner, einen gutmütigen Arbeits- und Rettungshund, der durch seinen Einsatz bei Lawinen- und Katastrophenarbeiten weltberühmt wurde.

(ê)**se compliquer la vie** [səkɔ̃plikelavi]	sich das Leben schwer machen	Il ne faut pas ~.
Ça y est! [saijɛ]	*etwa:* Alles klar!, Ich hab's!, Fertig!	~? On peut commencer?
le genre [ləʒɑ̃ʀ]	die Art, das Genre	Il n'aime pas ce ~ de musique.
raisonnable [ʀɛzɔnabl] *m./f. adj.*	vernünftig	Romain n'est pas ~: il roule en mobylette sans casque.
la morale [lamɔʀal]	die Moral, die Ethik	

faire la morale à qn = jdm eine Moralpredigt halten

nia nia nia [njanjanja] *fam.*	bla bla bla	
(ê)**se moquer de qc/qn** [səmɔke]	sich über jdn/etw. lustig machen	Il ne faut pas ~ ce vieux professeur.
(ê)**s'agir de qc/qn** [saʒiʀ]	sich um jdn/etw. handeln *wird wie* réagir *konjugiert* → Verbes, p. 139	Dans cette unité, il ~[5] du blog de Romain.
être capable de + *inf.* [ɛtʀkapabl]	fähig sein etw. zu tun	Il n'~[6] pas ~ écouter les autres.

l'auteur [lotœʀ] *m./f.*	der Autor, die Autorin	Jules Verne est l'~ de romans très célèbres.

Die folgenden männlichen Berufsbezeichnungen benutzt man für Frauen und Männer:

le médecin   le professeur   l'auteur   l'écrivain

la **rime** [laʀim]	der Reim	Pour faire un poème, il faut trouver des ~[7].
le rap [ləʀap]	der Rap	Clément va à un concert de ~.

1 poèmes 2 se débrouille 3 embrouilles 4 despotes 5 s'agit 6 est pas capable d' 7 rimes

UNITÉ 3, SÉQUENCE 3

le **rôle** [ləʀol]	die Rolle	Sophie joue un ~ dans un film d'horreur.
anonyme [anɔnim] *m./f. adj.*	anonym	Paul a reçu une lettre ~.
Promis, juré, craché! [pʀɔmiʒyʀekʀaʃe] *fam.*	Ich schwöre!, Versprochen!	Je viens. ~.
jurer [ʒyʀe]	schwören	Je ~[1] que je dis la vérité.
promettre qc à qn [pʀɔmɛtʀ]	jdm etw. versprechen *wird wie* mettre *konjugiert* → Verbes, p. 140	Il ne faut pas ~ des choses impossibles.
cracher [kʀaʃe]	spucken	Mon petit frère aime ~ dans le fleuve.
partager qc avec qn [paʀtaʒe]	etw. mit jdm teilen *wird wie* manger *konjugiert* → Verbes, p. 138	Je ~[2] ma chambre ~ ma sœur.
consoler qn [kɔ̃sɔle]	jdn trösten	Julie ~[3] son ami qui a eu une mauvaise note en histoire.
confier qc à qn [kɔ̃fje]	jdm etw. anvertrauen	Il ne ~[4] rien à ses parents.

l'adulte [ladylt] *m./f.*	der/die Erwachsene	Les ~[5] ne comprennent pas toujours les jeunes.
le chagrin d'amour [ləʃagʀɛ̃damuʀ]	der Liebeskummer	Jacques est triste: il a un ~.
l'amour [lamuʀ] *m.*	die Liebe	
justement [ʒystəmɑ̃] *adv.*	eben, genau	
sérieux/-euse [seʀjø/seʀjøz] *adj.*	ernst, ernsthaft	Romain a un ~ problème: il s'est disputé avec son père.
avoir tort [avwaʀtɔʀ] avoir tort ≠ avoir raison	Unrecht haben	Excuse-moi. J'~[6].
l'humour [lymuʀ] *m.*	der Humor	André ne comprend pas toujours l'~ anglais.
le coup [ləku] *fam.*	*hier:* der Gag	
les remords [leʀəmɔʀ] *m. pl.*	die Gewissensbisse	J'ai des ~ quand je me dispute avec ma sœur.
(ê)**s'entendre avec qn** [sɑ̃tɑ̃dʀ]	sich mit jdm verstehen	Paul ~[7] bien ~ Claire.

prendre qn/qc au sérieux [pʀɑ̃dʀoseʀjø]	jdn/etw. ernst nehmen	Tu ne me ~[8] pas ~.
il faudrait [ilfodʀɛ]	es wäre nötig, man müsste	~ venir plus tôt.
à part [apaʀ]	abgesehen von	~ en géographie, c'est un bon élève.
le pseudo [ləpsødo] *fam.*, **le pseudonyme** [ləpsødonim]	der Deckname, das Pseudonym	Tu as un ~?
zut [zyt]	Mist!	~ alors! J'ai oublié de faire mes devoirs!

1 jure 2 partage 3 console 4 confie 5 adultes 6 ai tort 7 s'entend bien avec 8 prends pas au sérieux

UNITÉ 4, Approches

les médias [lemedja] *m. pl.*	die Medien	Au collège, nous parlons beaucoup des ~.
la chaîne [laʃɛn]	der Kanal, der Sender	«Arte» est une ~ franco-allemande.
Canal plus [kanalplys]	*französischer Fernsehsender* → Civilisation, p. 149	

TF 1 [teɛfɛ̃] *ou:* **Télé France 1** [telefʀɑ̃sɛ̃]	*französischer Fernsehsender* → Civilisation, p. 149	
le million [ləmiljɔ̃]	die Million	Qui veut gagner un ~?
France 2 [fʀɑ̃sdø]	*französischer Fernsehsender* → Civilisation, p. 149	
la série [laseʀi]	die Serie	J'aime regarder des ~[1].
Arte [aʀte]	*deutsch-französischer Fernsehsender* → Civilisation, p. 149	
policier/-ière [pɔlisje/pɔlisjɛʀ] *adj.*	Polizei-/Kriminal- *in Verbindung mit einem Nomen*	Ce soir, nous regardons une série ~[2].
le/la flic [ləflik/laflik] *fam.*	der/die Polizist/in, Bulle *umg.*	Au commissariat, il y a des ~[3] partout!
France 3 [fʀɑ̃stʀwa]	*französischer Fernsehsender* → Civilisation, p. 149	
l'affaire [lafɛʀ] *f.*	*hier:* der Fall	Cette ~ est vraiment intéressante!
le téléfilm [lətelefilm]	der Fernsehfilm	Ce soir, on va regarder un ~.
M6 [ɛmsis]	*französischer Fernsehsender* → Civilisation, p. 149	

la **star** [lastaʀ]	der Star ⚠ *im Französischen immer weiblich*	Depardieu, c'est une vraie ~.
musical/e [myzikal] *adj.* / **musicaux** [myziko] *m. pl.* ▶ la musique	musikalisch, Musik-	Ma tante adore les émissions ~[4].
TV 5 [tevesɛ̃k]	*französischsprachiger Fernsehsender* → Civilisation, p. 149	
le JT [jite] *ou:* **journal télévisé** [juʀnaltelevize]	die Fernsehnachrichten	À 20 heures, il y a le ~.
le documentaire [lədɔkymɑ̃tɛʀ]	der Dokumentarfilm	Ce soir, il y a un ~ sur les perruches.
[ê]**se passer** [səpɑse]	*hier:* passieren, sich ereignen, geschehen	Hier soir, il s'est ~[5] un drame.
la Provence [lapʀɔvɑ̃s]	die Provence *Region in Südfrankreich* → Civilisation, p. 146	
la police [lapɔlis] ▶ policier/-ière *adj.*	die Polizei	
le **personnage** [ləpɛʀsɔnaʒ]	die Person, die Figur	Astérix est un ~ de bédé sympa.

par contre [paʀkɔ̃tʀ]	aber, hingegen	Dans ce film, j'ai aimé les acteurs. ~ la musique était nulle.
ennuyeux/-euse [ɑ̃nɥijø/ ɑ̃nɥijøz] *adj.* ennuyeux ≠ intéressant	langweilig	C'est un film ~!
l'acteur [laktœʀ] *m.* / **l'actrice** [laktʀis] *f.*	der/die Schauspieler/in	Gérard Depardieu est un ~ célèbre.
l'action [laksjɔ̃] *f.*	die Handlung	Je n'aime pas l'~ de ce film.
parier sur qc [paʀje]	auf etw. wetten, setzen	Je ~[1] sur le chien blanc.
le/la candidat/e [ləkɑ̃dida/ lakɑ̃didat]	der/die Kandidat/in	Le ~ ne connaît pas la réponse.
le suspense [ləsyspɛns]	die Spannung	Dans ce film, il n' y a pas de ~.

1 séries 2 policière 3 flics 4 musicales 5 passé 6 parie

UNITÉ 4, SÉQUENCE 1

le/la choriste [lə/lakɔʀist]	der/die Chorsänger/in	Le ~ chante très bien.
Les Choristes [leskɔʀist] *m./f. pl.*	*Titel eines französischen Films („Die Kinder des Monsieur Matthieu")*	
Christophe Barratier [kʀistɔfbaʀatje]	*französischer Regisseur*	
Gérard Jugnot [ʒeʀaʀʒyɲo]	*französischer Schauspieler* → Civilisation, p. 144	
le directeur / la directrice [lədiʀɛktœʀ/ladiʀɛktʀis]	der/die Direktor/in	Le ~ de l'école s'appelle M. Schmitt.
répressif/-ve [ʀepʀɛsif/ʀepʀɛsiv] *adj.*	unterdrückend, beschränkend	Le directeur est très ~.
battre qn [batʀ]	jdn schlagen → Verbes, p. 139	Il ne faut pas ~ les enfants.
organiser qc [ɔʀganize] ▶ l'organisation *f.*	etw. organisieren	Je vais ~ un grand repas.
la chorale [lakɔʀal]	der Chor	Coralie chante dans une ~.

agressif/-ve [agʀɛsif/agʀɛsiv] *adj.*	aggressiv	Ce chien est très ~.
le travail [lətʀavaj], **les travaux** [letʀavo] *m. pl.* ► travailler ⚠ Faux ami: the travel *(engl.)* = die Reise	die Arbeit	Ma mère aime beaucoup son ~: elle est journaliste.
le sens [ləsɑ̃s]	der Sinn	Le travail doit avoir un ~.
(ê)**s'opposer à qn/qc** [sɔpoze]	sich jdm/etw. widersetzen	Depuis les vacances, Robert ~[1] à ses parents.
la méthode [lametɔd]	die Methode	J'ai trouvé une bonne ~ pour apprendre ce long poème.
brutal/e [bʀytal] *adj.* / **brutaux** [bʀyto] *m. pl.*	brutal	M. Dubois est un homme ~.
mettre qn à la porte [mɛtʀalapɔʀt]	jdn hinauswerfen, vor die Tür setzen	Sa femme l'a ~[2].
le mouchoir [ləmuʃwaʀ]	das Taschentuch	Tu pleures? Tu as besoin d'un ~?

lancer qc [lɑ̃se]	*hier:* etw. werfen	Les enfants ~3 des cailloux.
suivre qn [sɥivʀ]	jdm folgen, jdn verfolgen → Verbes, p. 142	Jean va ~ Linda quand elle va partir.
d'ailleurs [dajœʀ] *adv.*	übrigens	C'est vrai, ~!
naturel/le [natyʀɛl] *adj.*	natürlich	Brandon est un garçon très ~.
le film d'action [ləfilmdaksjɔ̃]	der Actionfilm	Je n'aime pas ce ~.
différent/e [difeʀɑ̃/difeʀɑ̃t] *adj.* différent/e ≠ pareil/le	anders, unterschiedlich	Ce film n'est pas très ~ d'un film d'action.
comparer qn/qc à qn/qc [kɔ̃paʀe]	jdn /etw. mit jdm/etw. vergleichen	On ne peut pas ~ cette fille ~ sa sœur.
toucher qn/qc [tuʃe]	jdn/etw. berühren, jdn betreffen, angehen	Ce film me ~4 beaucoup.

être touché/e par qn/qc = von jdm/etw. berührt sein

les années cinquante [lezanesɛ̃kɑ̃t] *f. pl.*	die 50er Jahre	La mode des ~ est différente de la mode d'aujourd'hui.

faux [fo] / **fausse** [fos] *adj.* faux/fausse ≠ vrai/e	falsch	2 + 2 = 5? C'est ~!

chanter faux ≠ chanter juste

sportif/-ve [spɔʀtif/spɔʀtiv] *adj.* ▶ le sport	sportlich	Pierre est très ~.
l'argument [laʀgymɑ̃] *m.*	das Argument	Ne discute pas. Tu n'as pas d' ~[5].
pourtant [puʀtɑ̃] *adv.*	dennoch, trotzdem	
la réalité [laʀealite]	die Wirklichkeit, die Realität	Le film ne montre pas la ~.
généreux/-euse [ʒeneʀø/ʒeneʀøz] *adj.*	großzügig	Ma grand-mère est très ~[6].
ça fait du bien de + *inf.* [safɛdybjɛ̃]	es tut gut etw. zu tun	~ faire du sport!

1 s'oppose 2 mis à la porte 3 lancent 4 touche 5 arguments 6 généreuse

UNITÉ 4, SÉQUENCE 2

présenter qn/qc à qn [pʀezɑ̃te]	jdm jdn/etw. vorstellen	Je te ~[1] mon ami Nicolas.
le **genre** [ləʒɑ̃ʀə]	*hier:* die Gattung	
l'aventure [lavɑ̃tyʀ] *f.*	das Abenteuer	Tu aimes les romans d'~?
la science-fiction [lasjɑ̃sfiksjɔ̃]	Science-Fiction	Matrix, c'est un film de ~?
le résumé [ləʀezyme]	die Zusammenfassung, die Inhaltsangabe	Comme devoir, nous devons écrire un ~ en français.
décrire qn/qc [dekʀiʀ]	jdn/etw. beschreiben *wird wie* écrire *konjugiert* → Verbes, p. 140	Julien ~[2] le personnage le plus sympa du roman.
principal/e [pʀɛ̃sipal] *adj.* / **principaux** [pʀɛ̃sipo] *m. pl.*	Haupt-	Les personnages ~[3] du roman s'appellent Paul et Virginie.
le thème [lətɛm]	das Thema	Le ~ du livre est l'amitié.
le choix [ləʃwa] ▶ choisir	die Wahl	Il n'a pas le ~. Il doit partir.

ce que [səkə]	was *Relativpronomen*	Je ne sais pas ~ tu veux.
ce qui [səki]	was *Relativpronomen*	Il ne sait jamais ~ me plaît!
qu'est-ce qui [kɛski]	was *Fragepronomen*	~ vous intéresse?
qu'est-ce que [kɛskə]	was *Fragepronomen*	~ vous voulez lire?
les Ardennes [lezaʀdɛn] *f. pl.*	die Ardennen *Mittelgebirge in Nordostfrankreich, Luxemburg und Belgien*	
pleurer qn/qc [plœʀe]	jdn/etw. beweinen	
abattre qc [abatʀ]	etw. fällen *wird wie* battre *konjugiert* → Verbes. p. 139	Ces arbres sont malades: il faut les ~.
construire qc [kɔ̃stʀɥiʀ]	etw. bauen, konstruieren → Verbes. p. 139	Il va ~ une maison.
la cabane [lakaban]	die Hütte, das Baumhaus	Mon frère a construit une ~.
l'accident [laksidɑ̃] *m.*	der Unfall	Hier, Thomas a eu un ~ de vélo.
la poésie [lapɔezi]	die Poesie, die Dichtung	Il y a beaucoup de ~ dans ce roman.
faire réfléchir [fɛʀefleʃiʀ]	nachdenken lassen	Ce film sur les banlieues ~[4].

la prison [lapʀizɔ̃]	das Gefängnis	En ~, la vie n'est pas très marrante.
aider qn à + *inf.* [ɛde] ▶ l'aide *f.*	jdm helfen etw. zu tun	

Folgende Infinitivkonstruktionen mit à kannst du bilden:

aider qn à + *inf.*
s'amuser à + *inf.*
apprendre à + *inf.*
commencer à + *inf.*
continuer à + *inf.*
hésiter à + *inf.*
renoncer à + *inf.*

le mal du pays [ləmaldypei]	das Heimweh	Au début, en Italie, il avait le ~.
l'Afrique [lafʀik] *f.*	Afrika	
la forêt [lafɔʀɛ]	der Wald	Au Canada, il y a de grandes ~s.
ce jour là [səʒuʀla]	an jenem Tag	~, il a décidé de partir.
l'otage [lotaʒ] *m.*	die Geisel ⚠ *im Französischen immer männlich*	

prendre la fuite [pʀɑ̃dʀlafɥit]	fliehen	Il a peur. Il va ~.
fumer [fyme]	rauchen	Cette femme ~[6] trop!
le modèle [ləmɔdɛl]	das Vorbild, das Modell	Mon ~, c'est ma grand-mère.
modèle [mɔdɛl] *m./f. adj.*	Modell-, Muster- + *Nomen*	Alice est bonne en tout: c'est une élève ~.
la relation [laʀəlasjɔ̃]	das Verhältnis, die Beziehung	Joris a une très bonne ~ avec ses parents: ils s'entendent très bien.
(ê)**se tuer** [sətɥe]	*hier:* umkommen	
amoureux/-euse [amuʀø/amuʀøz] *adj.*	verliebt	
(ê)**tomber amoureux/-euse de qn** [tɔ̃beamuʀø/tɔ̃beamuʀøz]	sich in jdn verlieben	Marie est ~[7] de Ludovic.
(ê)**s'identifier à qn/qc** [sidɑ̃tifje]	sich mit jdm/etw. identifizieren	Maxime ~[8] personnage du roman.

1 présente 2 décrit 3 principaux 4 fait réfléchir 5 forêts 6 fume 7 tombée amoureuse 8 s'identifie au

UNITÉ 5, Approches

l'école maternelle [lekɔlmatɛʀnɛl] *f.*	der Kindergarten	En France, les enfants vont à l'~ de deux à six ans.
la plupart des [laplypaʀde]	die meisten + *Nomen*, die Mehrzahl der + *Nomen*	La ~[1] femmes en France travaillent.
l'année [lane] *f.*	das Jahr *in seinem Verlauf*	Cette ~, on va aller à Toulouse.

Unterscheide:	l'an:	das Jahr *als Zähleinheit*	Il a quinze ans.
	l'année:	das Jahr *in seinem Verlauf*	Cette année, elle a fait des progrès.

scolaire [skɔlɛʀ] *m./f. adj.*	schulisch, Schul- *in Verbindung mit einem Nomen*	En France, l'année ~ commence au mois de septembre.
l'année scolaire [laneskɔlɛʀ] *f.*	das Schuljahr	
durer [dyʀe]	dauern	En France, les vacances d'été ~[2] huit semaines.
passer qc [pɑse]	*hier:* etw. ablegen *eine Prüfung*	En France, on ~[3] le bac à 18 ans.

Ils passent leurs vacances à la mer.

Le temps passe trop vite.

On passe une chanson sympa à la radio.

Les amis passent avant la télé.

Pia passe un concours.

le brevet [ləbʀəvɛ]	*Diplom im* collège, *vergleichbar mit der Mittleren Reife*	Les élèves français passent le ~ en troisième: ils ont quinze ans.
le lycée [ləlise]	das Gymnasium *Oberschule in Frankreich vom 10. bis zum 12. Schuljahr*	Après le collège, Matthieu veut aller au ~.
professionnel/le [pʀɔfɛsjɔnɛl] ou: **pro** [pʀɔ] *fam. adj.*	beruflich, Berufs- *in Verbindung mit einem Nomen*	Comment est-ce que tu imagines ta vie ~[4]?
le lycée pro [ləlisepʀɔ] *fam.* ou: **le lycée professionnel** [ləlisepʀɔfɛsjɔnɛl] ou **LEP** [lɛp]	*Berufsschule in Frankreich*	

le bac [ləbak] *fam.* ou: **le baccalauréat** [ləbakalɔʀea]	das Abi, das Abitur	En France, on passe le ~ à 18 ans.
faire des études [fɛʀdezetyd]	studieren	Lucie voudrait ~ à Paris.
le/la sommelier/-ière [ləsɔməlje/lasɔməljɛʀ]	der/die Weinkellner/in, der Sommelier	Il voudrait devenir ~.

*Eine „*sommelière*" ist eine Weinexpertin, die für den Weinkeller eines Restaurants verantwortlich ist, sich um die richtige Lagerung und Auswahl kümmert und Empfehlungen gibt, welche Weine zu welchen Speisen passen.*

le B.E.P. [ləpeəpe] (le brevet d'enseignement professionnel)	*ein Diplom im* lycée professionnel	Elsa passe son ~ en mai.
l'université [lynivɛʀsite] *f.*	die Universität	Après le bac, on peut aller à l'~.
la grande école [lagʀɑ̃dekɔl]	die Elitehochschule	Les ~[5] en France sont très célèbres.

le lycée d'enseignement général [ləlisedɑ̃sɛɲəmɑ̃-ʒeneʀal]	das allgemeinbildende Gymnasium	Tu veux passer ton bac dans un ~?
conseiller qc à qn [kɔ̃sɛje]	jdm etw. raten	Je te ~[6] ce film. Il est super!
le vin [ləvɛ̃]	der Wein	La France est très connue pour ses ~[7].
quelque part [kɛlkəpaʀ]	irgendwo	Je t'ai déjà vu ~.

1 plupart des 2 durent 3 passe 4 professionnelle 5 grandes écoles 6 conseille 7 vins

UNITÉ 5, SÉQUENCE 1

approcher [apʀɔʃe]	annähern, sich nähern	Il est content: son anniversaire ~[1].
le trimestre [lətʀimɛstʀ]	das Trimester	Un ~ a trois mois.
l'enfer [lɑ̃fɛʀ] *m.*	die Hölle	Trois interros dans la même journée: c'est l'~.
le devoir sur table [lədəvwaʀsyʀtabl]	die Klassenarbeit	Au troisième trimestre en France, on a beaucoup de ~[2].

la matière [lamatjɛʀ]	das Fach	Quelle est ta ~ préférée? Sport ou SVT?

⚠ *Wiederhole die Schulfächer, die du schon kennen gelernt hast:*

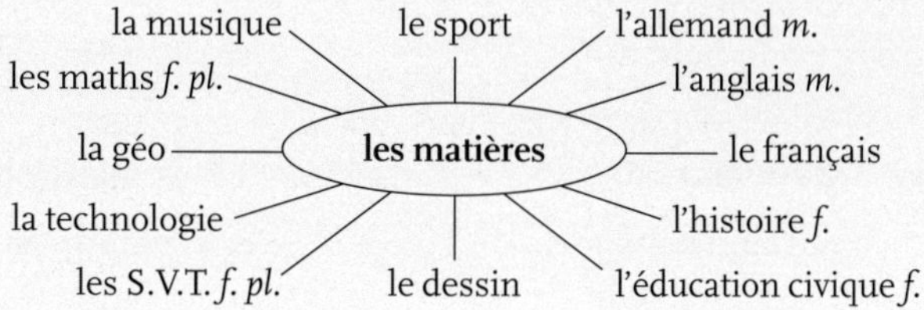

le conseil de classe [ləkɔ̃sɛjdəklɑs]	die Klassenkonferenz	Avant la fin de l'année scolaire, il y a les ~[3].
le/la délégué/e de classe [lədelege/ladelege]	der/die Klassensprecher/in	Les élèves choisissent chaque année un ~.
[ê]**se plaindre de qn/qc** [səplɛ̃dʀ]	sich über jdn/etw. beschweren → Verbes, p. 141	Pierre ~[4] toujours de sa sœur.
plaindre qn [plɛ̃dʀ]	jdn bemitleiden, bedauern	
défendre qn/qc [defɑ̃dʀ]	jdn verteidigen *wird wie* attendre *konjugiert* → Verbes, p. 139	Il ~[5] ses amis quand il le peut.

le maximum [ləmaksimɔm]	das Maximum, das Äußerste	Il donne son ~ pour passer en troisième.
prochain/e [pʀɔʃɛ̃/pʀɔʃɛn] *adj.*	nächste	Le ~ train part dans deux heures.
le Thalys [lətalis]	*Hochgeschwindigkeitszug zwischen Paris und Köln* → Civilisation, p. 149	
envoyer qc à qn [ɑ̃vwaje]	jdm etw. schicken	Je vais t'~ une lettre.
compter [kɔ̃te]	zählen	L'amitié, ça ~[5] beaucoup dans la vie.
la balade [labalad] ► se balader	der Spaziergang	Demain, on va faire une ~ en forêt.
le Rhin [ləʀɛ̃]	der Rhein	
Coblence [koblɑ̃s]	Koblenz	
le volley [ləvɔlɛ]	Volleyball	Tu aimes jouer au ~?
interdire à qn de faire qc [ɛ̃tɛʀdiʀ]	jdm verbieten etw. zu tun *wird wie* dire *konjugiert* → Verbes, p. 140	Camille ~[6] à sa sœur de lire ses mails.

dedans [dədɑ̃] *adv.* dedans ≠ dehors	darin, drin, innen	N'entre pas dans cette chambre! Il y a une souris ~!
affreux/-euse [afʀø/afʀøz] *adj.*	schrecklich	Ce tee-shirt est ~.

1 approche 2 devoirs sur table 3 conseils de classe 4 se plaint 5 défend 6 compte 7 interdit

UNITÉ 5, SÉQUENCE 2

l'avenir [lavniʀ] *m.*	die Zukunft	On ne sait rien sur l'~.
mixte [mikst] *m./f. adj.*	gemischt	Aujourd'hui, les écoles sont ~[1].
(ê)**se tromper** [sətʀɔ̃pe]	sich irren	Tu ~[2]!
si [si] *conj.*	wenn, ob, falls	~ tu veux, on ira au cinéma.
obligatoire [ɔbligatwaʀ] *m./f. adj.*	verpflichtend	Pour les jeunes, l'école est ~ jusqu'à seize ans.
de toute façon [dətutfasɔ̃] *adv.*	auf jeden Fall	~ on se voit demain.
puisque [pɥisk] *conj.*	da	Je ne vais pas manger ~ je n'ai pas faim.

la formation en alternance [lafɔʀmasjɔ̃nɑ̃naltɛʀnɑ̃s]	*duale Berufsausbildung*	Après le bac, on peut faire une ~.
pour cent [puʀsɑ̃]	Prozent	20 ~ des adolescents en France adorent le hip-hop.
le cartable [ləkaʀtabl]	die Schultasche	Mon ~ est vieux.
remplacer qn/qc par qn/qc [ʀɑ̃plase]	jdn/etw. durch jdn/etw. ersetzen *wird wie* commencer *konjugiert* → Verbes, p. 138	L'ordinateur ne doit pas ~ les amis.
l'information [lɛ̃fɔʀmasjɔ̃] *f.*	die Information	Vous avez des ~[3] sur Paris?
l'image [limaʒ] *f.*	das Bild	Cette ~ est très belle.
exister [ɛgsiste]	existieren, 3. *Pers. Sg.*: es gibt	L'enfer, ça ~[4]?
dingue [dɛ̃g] *m./f. adj.*	verrückt	Elle est ~, ton idée!
l'informatique [lɛ̃fɔʀmatik] *f.*	die Informatik	Mon père n'aime pas trop l'~.
le robot [ləʀɔbo]	der Roboter	Luc voudrait avoir un ~ à la maison.
contrôler qn/qc [kɔ̃tʀole]	jdn/etw. kontrollieren	Le prof ~[5] les devoirs des élèves.

l'effet [lefɛ] *m.*	die Wirkung, der Effekt	

faire de l'effet à qn = jdn beeindrucken

(ê)**se ressembler** [səʀəsɑ̃ble]	sich ähneln	Paul et son frère ~[6] beaucoup.
l'étranger [letʀɑ̃ʒe] *m.*	das Ausland	Après le bac, Marie veut partir à l'~.
l'étranger/-ère [letʀɑ̃ʒe/ letʀɑ̃ʒɛʀ]	der/die Fremde, der/die Ausländer/in	Dans un autre pays, on est ~.
dès [dɛ] *prép.*	seit, ab *zeitlich*	Élodie est allée à l'école maternelle ~ l'âge de deux ans.
quitter qn/qc [kite]	jdn/etw. verlassen	Il est tard, je dois vous ~ maintenant.
évident/e [evidɑ̃/evidɑ̃t] *adj.*	klar, eindeutig, selbstverständlich	Cet exercice n'est pas ~.

1 mixtes 2 te trompes 3 informations 4 existe 5 contrôle 6 se ressemblent

UNITÉ 6, Approches

Der Hörtext befindet sich auf S. 143.

(ê)**se diriger vers qn/qc** [sədiʀiʒevɛʀ] ▶ la direction	sich jdm/etw. zuwenden *wird wie* manger *konjugiert* → Verbes, p. 138	Je ~[1] la plage.
le mur [ləmyʀ]	die Mauer	Il y a un très vieux ~ autour de la ville.
survoler qc [syʀvɔle]	etw. überfliegen	Pour aller en Amérique, il faut ~ l'océan Atlantique.
le lac [ləlak]	der See	Au Canada, il y a beaucoup de ~[2].
le nuage [lənɥaʒ]	die Wolke	Magali aime regarder les ~[3].
briller [bʀije]	glänzen, scheinen	Le soleil ~[4] aujourd'hui.
l'érable [leʀabl] *m.*	der Ahorn	L'~ est un arbre qu'on trouve souvent au Canada.
l'écorce [lekɔʀs] *f.*	die Rinde, die Schale	Beaucoup d'animaux mangent des ~[5] d'arbres.
la force [lafɔʀs] ▶ fort/e *adj.*	die Kraft	Ce petit garçon a déjà beaucoup de ~.
la fraîcheur [lafʀɛʃœʀ]	die Frische	Tu sens la ~ de la forêt?

le caribou [ləkaʀibu]	das Karibu	Le ~ est un animal qui vit au Canada.
[(ê)]**se refléter** [səʀəflete]	sich spiegeln, reflektieren *wird wie* répéter *konjugiert* → Verbes, p. 138	Les arbres ~[6] dans l'eau.
le canot [ləkano]	das Boot	On prend un ~ pour traverser le lac.
ramer [ʀame]	rudern	Pour traverser le lac en canot, il faut ~.
la lumière [lalymjɛʀ]	das Licht	La nuit, il n'y a pas de ~.
de toutes ses forces [dətutsefɔʀs]	mit seiner/ihrer ganzen Kraft	Il rame ~.
frais/fraîche [fʀɛ/fʀɛʃ] *adj.* ▶ la fraîcheur	frisch	Au Canada, l'eau des lacs est très ~[7].
[(ê)]**s'étirer** [setiʀe]	sich strecken	Le matin, il faut ~.

1 me dirige vers 2 lacs 3 nuages 4 brille 5 écorces 6 se reflètent 7 fraîche

UNITÉ 6, SÉQUENCE 1

le camp de vacances [ləkɑ̃dvakɑ̃s]	das Ferienlager	Je vais passer mes vacances dans un ~.

Pabos Mills [pabɔsmils]	*Name eines kanadischen Fischerdorfes* → Civilisation, p. 146	
la phrase [lafʀɑz]	der Satz	Cette ~ est trop longue!
la Gaspésie [lagaspezi]	*Halbinsel in Kanada* → Civilisation, p. 145	
les Micmac [lemikmak]	*indianisches Volk im östlichen Nordamerika*	
la péninsule [lapenɛ̃syl]	die Halbinsel	L'Italie est une ~.
tout autour [tutotuʀ] *adv.*	ringsherum	
le village [ləvilaʒ]	das Dorf	Paul habite dans un petit ~.
quinze jours [kɛ̃zʒuʀ]	*steht im Französischen immer für* 14 Tage	
(ê)**venir chercher qn** [vəniʀʃɛʀʃe]	jdn abholen	Tu ~[1] me ~ à la gare?
la baleine [labalɛn]	der Wal	Les ~[2] sont en danger.
le golfe [ləgɔlf]	der Golf	Le ~ du Saint-Laurent est très large.

le Saint-Laurent [ləsɛ̃lɔʀɑ̃]	der Sankt-Lorenz-Strom → Civilisation, p. 146	
Québec (ville) [kebɛkvil]	Québec (Stadt) → Civilisation, p. 146	
la plongée [laplɔ̃ʒe]	das Tauchen	J'aime faire de la ~.
le tir à l'arc [lətiʀalaʀk]	das Bogenschießen	Le ~ est un sport très ancien.
l'escalade [lɛskalad] *f.*	das Klettern	Dans les Alpes, on peut faire de l'~.
le paysage [ləpeizaʒ]	die Landschaft	Les ~³ du Canada sont impressionants.
le/la Québécois/e [ləkebekwa/lakebekwaz]	der/die Einwohner/in von Québec	Brandon est ~.
le courriel [ləkuʀiɛl]	E-Mail *nur in Québéc*	Aziz a reçu un ~ d'un ami de Montréal.
le char [ləʃaʀ]	der Wagen, das Auto *nur in Québéc*	Ce ~ roule vite.
faire la cuisine [fɛʀlakɥizin]	kochen	Tu aimes ~?
le/la moniteur/-trice [ləmɔnitœʀ/lamɔnitʀis]	der/die Betreuer/in	Notre ~ est très jeune.

le feu [ləfø] / ⚠ **les feux** [lefø]	das Feuer	
le feu de camp [ləfødəkɑ̃] / **les feux de camp** [lefødəkɑ̃]	das Lagerfeuer	Un ~, c'est très romantique.
la brochette [labʀɔʃɛt]	der Spieß	J'aime les ~[4] de viande.
être en train de + *inf.* [ɛtʀɑ̃tʀɛ̃də]	gerade etwas tun, dabei sein etw. zu tun	Gaston ~[5] lire une bédé.
[ê]**se renverser** [səʀɑ̃vɛʀse]	umkippen	Le bateau ~[6].
le gars [ləgɑ] *fam.*	der Junge, der Bursche *nur in Québéc*	Le petit ~ là-bas, c'est mon frère.
la montagne [lamɔ̃taɲ]	der Berg, das Gebirge	Quelle est la plus haute ~ d'Europe?
le vélo de montagne [ləvelodmɔ̃taɲ]	das Mountainbike *nur in Québec*	Nathalie aime faire du ~.
la salle [lasal]	*hier:* die Halle	
la nature [lanatyʀ] ▶ naturel/le *adj.*	die Natur	Tim aime faire du sport dans la ~.
l'Indien/ne [lɛ̃djɛ̃/lɛ̃djɛn]	der/die Indianer/in	Est-ce qu'il y a des ~[7] au Canada?

le trappeur [lətʀapœʀ]	der Trapper, der Pelztierjäger	Combien de ~[8] vivent dans les forêts du Québec?
survivre [syʀvivʀ] ▶ vivre, la vie	überleben *wird wie* vivre *konjugiert* → Verbes, p. 142	Les trappeurs savent ~ seul dans la nature.
attraper qn/qc [atʀape]	jdn/etw. fangen	Tu me lances le ballon? – Tiens, ~[9]!

1 viens me chercher 2 baleines 3 paysages 4 brochettes 5 est en train de 6 se renverse 7 Indiens 8 trappeurs 9 attrape

UNITÉ 6, SEQUENCE 2

la métropole [lametʀɔpɔl]	die Metropole	Montréal est une ~.
l'habitant/e [labitɑ̃/labitɑ̃t] ▶ habiter	der/die Einwohner/in	Il y a presque 2 millions d'~[1] à Montréal.
souterrain/e [sutəʀɛ̃/sutəʀɛn] *adj.*	unterirdisch	Le métro est un moyen de transport ~.
mourir de froid [muʀiʀdəfʀwa]	erfrieren	Sans anorak, je vais ~.

il fait moins vingt [ilfɛmwɛ̃vɛ̃]	es sind –20 °C	En hiver au Québec, ~ souvent ~.
le Mont Royal [ləmɔ̃ʀwajal]	*Berg in Montréal* → Civilisation, p. 146	
dominer qn/qc [domine]	jdn/etw. überragen, dominieren	Le Mont Royal ~² la ville de Montréal.
Gaspé [gaspe]	*Stadt in Québec* → Civilisation, p. 145	
Jacques Cartier [ʒakaʀtje]	*französischer Entdecker* → Civilisation, p. 144	
(ê)**se reposer** [səʀəpoze]	sich ausruhen	Le week-end, je ~³.
de loin [dəlwɛ̃] *adv.*	von weit her	Est-ce que tu viens ~?
l'époque [lepɔk] *f.*	die Epoche	À l'~ de Jacques Cartier, le Canada était différent.
l'explorateur/-trice [lɛksplɔʀatœʀ/lɛksplɔʀatʀis]	der/die Entdecker/in	Cartier était un grand ~.
la route des Indes [laʀutdezɛ̃d]	der Seeweg nach Indien	

coloniser qc [kɔlɔnize]	etw. kolonisieren	Les Français ont ~[4] le nord de l'Afrique.
la Nouvelle-France [lanuvɛlfʀɑ̃s]	Neufrankreich → Civilisation, p. 146	
Samuel de Champlain [samyɛldʃɑ̃plɛ̃]	*französischer Forschungsreisender* → Civilisation, p. 144	
le fondateur/-trice [ləfɔ̃datœʀ/lafɔ̃datʀis]	der/die Gründer/in	Comment s'appelle le ~ du Québec?
les Iroquois [leziʀɔkwa]	die Irokesen *Indianervolk in Nordamerika*	
la guerre [lagɛʀ]	der Krieg	Je suis contre la violence et la ~!

faire la guerre = Krieg führen; entrer en guerre = in den Krieg ziehen

l'Amérique [lameʀik] *f.*	Amerika	Le Canada est un pays d'~ du Nord.
occuper qc [ɔkype]	etw. besetzen	Les Français ont ~[5] une partie de l'Amérique.
la statue [lastaty]	das Standbild, die Statue	Dans les parcs de Paris, il y a souvent de belles ~[6].

Paul de Maisonneuve [pɔldəmezɔ̃nœv]	*Gründer der Stadt Montréal* → Civilisation, p. 144	
le sirop [ləsiʀo]	der Sirup	Le ~ d'érable est une spécialité du Canada.
le gratte-ciel [ləgʀatsjɛl] ⚠ *mot invariable*	der Wolkenkratzer	À Montréal, on trouve beaucoup de ~.
le Cirque du soleil [ləsiʀkdysɔlɛj]	*berühmter Zirkus aus Québec* → Civilisation, p. 149	
Guy Laliberté [gilalibɛʀte]	*Gründer des Cirque du soleil* → Civilisation, p. 145	
employer qn [ɑ̃plwaje]	jdn beschäftigen *wird wie* payer *konjugiert* → Verbes, p. 138	Le Cirque du soleil ~[7] beaucoup d'artistes.
entier/-ière [ɑ̃tje/ɑ̃tjɛʀ] *adj.*	ganz, voll	Tu as vu le film en ~?
le monde entier [ləmɔ̃dɑ̃tje]	die ganze Welt	Ils font des spectacles dans le ~ .
(ê)**se terminer** [sətɛʀmine]	(be-)enden, zu Ende gehen	Le séjour de Naïma à Paris ~[8].
l'esprit [lɛspʀi] *m.*	der Geist, der Sinn	Il n'a pas beaucoup d'~, cet homme là.

(ê)**venir à l'esprit** [vəniʀalɛspʀi]	in den Sinn kommen	Qu'est-ce qui te ~[9] quand je dis «chocolat»?

1 habitants 2 domine 3 me repose 4 colonisé 5 occupé 6 statues 7 emploie 8 se termine 9 vient à l'esprit

UNITÉ SUPPLÉMENTAIRE, SÉQUENCE 1

la Loire [lalwaʀ]	*Fluss in Frankreich* → Civilisation, p. 146	
le/la cousin/e [ləkuzɛ̃/lakuzin]	der Cousin, die Cousine	Pierre est le ~ de Marie.
la vallée [lavale]	das Tal	Il y a beaucoup de touristes dans la ~ de la Loire.
la vallée de la Loire [lavaledəlalwaʀ]	das Loiretal → Civilisation, p. 147	
le camping [ləkɑ̃piŋ]	der Zeltplatz	J'aime passer mes vacances dans un ~.
faire du camping [fɛʀdykɑ̃piŋ]	zelten, campen	En été, je veux ~.

(ê)*se renseigner sur qc* [səʀɑ̃sɛɲe]	sich über etw. informieren	Les touristes ~[1] l'histoire de la ville.
l'itinéraire [litineʀɛʀ] *m.*	die Route	Ils ont choisi un ~ pour faire une balade en vélo.
les châteaux de la Loire [leʃɑtodəlalwaʀ] *m. pl.*	die Schlösser an der Loire	Les ~ sont très célèbres.
neuf sur dix [nœfsyʀdis]	neun von zehn	~[2] personnes ~ aiment le chocolat.
la propriété privée [lapʀɔpʀie-tepʀive]	das Privateigentum	En France, il y a beaucoup de châteaux qui sont ~.
la Renaissance [laʀənɛsɑ̃s]	die Renaissance → Civilisation, p. 149	Beaucoup d'artistes célèbres ont vécu pendant la ~.
Chambord [ʃɑ̃bɔʀ]	*Schloss an der Loire*	
la construction [lakɔ̃stʀyksjɔ̃] ▶ construire	der Bau, die Bauarbeiten	La ~ d'une cathédrale dure très longtemps.
s'organiser autour de qc [sɔʀganizeotuʀ]	sich um etw. herum organisieren, verteilen	

Léonard de Vinci [leɔnaʀdəvɛ̃si]	Leonardo da Vinci → Civilisation, p. 145	
dessiner qc [desine] ▶ le dessin	etw. zeichnen, etw. entwerfen	Mon frère a ~[3] notre maison.
la cheminée [laʃ(ə)mine]	der Schornstein, der Kamin	Il y a trois ~[4] sur la maison de mon voisin.
le clocher [ləklɔʃe]	kleiner Glockenturm	Regarde ce joli petit ~!
François Ier [fʀɑ̃swapʀəmje]	Franz I. → Civilisation, p. 144	
faire construire qc [fɛʀkɔ̃stʀɥiʀ]	etw. erbauen lassen	Ma tante a ~[5] une belle maison.
Amboise [ɑ̃bwaz]	*Schloss an der Loire*	
les trois quarts [letʀwakaʀ]	die drei Viertel	Marie passe les ~ de son temps au téléphone.
Chenonceau [ʃənɔ̃so]	*Schloss an der Loire*	
le Cher [ləʃɛʀ]	*Nebenfluss der Loire*	
l'affluent [laflyɑ̃] *m.*	der Nebenfluss	Le Cher est un ~ de la Loire.
Henri II [ɑ̃ʀidø]	Heinrich II. → Civilisation, p. 144	

Diane de Poitier [diandəpwatje]	Diana von Poitier → Civilisation, p. 145	
sur l'ordre de [syʀlɔʀdʀədə]	auf Anweisung von	Il est sorti de la classe ~[6] prof.
Catherine de Medicis [katʀindəmedisis]	Katharina von Medici → Civilisation, p. 145	
Azay-le-Rideau [azɛləʀido]	*Schloss an der Loire*	
Berthelot [bɛʀtlo]	*reicher Bankier im 16. Jh.* → Civilisation, p. 144	
le financier [ləfinɑ̃sje]	der Bankier, der Schatzmeister	Les rois ont toujours eu besoin de ~[7].
diriger qc [diʀiʒe]	etw. leiten, etw. beaufsichtigen	Le principal ~[8] le collège.
mener qn par le bout du nez [mənepaʀləbudyne]	jdn an der Nase herumführen *wird wie* amener *konjugiert* → Verbes, p. 138	Aude ~[9] Sylvain ~.

1 se renseignent 2 Neuf personnes sur dix 3 dessiné 4 cheminées 5 fait construire 6 sur l'ordre du 7 financiers 8 dirige 9 mène

S

UNITÉ SUPPLÉMENTAIRE, SÉQUENCE 2

Tours [tuʀ]	*Stadt an der Loire* → Civilisation, p. 147	
Chinon [ʃinɔ̃]	*Stadt im Loiretal* → Civilisation, p. 145	
Dis toujours! [dituʒuʀ]	Na sag doch!, Na sag schon!	– Il faut que je te dise quelque chose. – ~!
avoir un pneu crevé [avwaʀɛ̃pnøkʀəve]	einen Platten haben	
à toute vitesse [atutvitɛs] *adv.*	in aller Eile	Il est parti ~ de la maison.
industriel/le [ɛ̃dystʀiɛl] *adj.*	Industrie- *in Verbindung mit einem Nomen*	Je ne veux pas vivre dans une région ~[1].
Azay-le-Rideau [azɛləʀido]	*Schloss an der Loire*	
le passage [ləpɑsaʒ]	*hier:* der Durchmarsch	Leur ~ dans la forêt a duré quelques jours.
Jeanne d'Arc [ʒandaʀk]	Johanna von Orléans → Civilisation, p. 144	

Avoine Chinon [awanʃinɔ̃]	*Atomkraftwerk an der Loire*	
la centrale nucléaire [lasɑ̃tʀalnykleɛʀ]	das Atomkraftwerk	Il y a plus de ~[2] en France qu'en Allemagne.
la Loire [lalwaʀ]	*Fluss in Frankreich* → Civilisation, p. 146	
la liste [lalist]	die Liste	Avant de faire les courses, Mme Leclerc fait toujours une ~.
le patrimoine de l'UNESCO [ləpatʀimwandəlynɛsko]	das Kulturerbe der UNESCO	
la vallée [lavale]	das Tal	La ~ de la Loire est très jolie.
quand même [kɑ̃mɛm] *adv.*	trotzdem	Il n'aime pas l'école, mais il a ~ de bonnes notes.
sauvage [sovaʒ] *m./f. adj.*	wild	Dans mon quartier, il y a beaucoup de chats ~[3].
l'Europe [løʀɔp] *f.*	Europa	Il y a combien de pays en ~?
le barrage [ləbaʀaʒ]	der Staudamm, die Talsperre	Il y a beaucoup de ~[4] sur le Rhône.
la digue [ladig]	der Deich, der Damm	Il n'y pas de ~[5] sur la Loire.

la variété [lavaʀiete]	die Vielfalt	Dans ce magasin, on trouve une grande ~ de fleurs.
la plante [laplɑ̃t]	die Pflanze	Ma grand-mère a un grand jardin. Elle adore les ~[6].
culturel/le [kyltyʀɛl] *adj.* ▶ la culture	kulturell, Kultur- *in Verbindung mit einem Nomen*	La vie ~[7] à Paris est très intéressante.
Léonard de Vinci [leɔnaʀdəvɛ̃si]	Leonardo da Vinci → Civilisation, p. 145	
le génie [ləʒeni]	das Genie	Mon petit frère se prend pour un ~.
le mouton [ləmutɔ̃]	das Schaf	J'aime bien ce petit ~ blanc.
la Joconde [laʒokɔ̃d]	die Mona Lisa *berühmtes Gemälde von Leonardo da Vinci, zu besichtigen im Louvre in Paris*	
être déguisé/e en [ɛtʀdegizeɑ̃]	verkleidet sein als	Jeanne d'Arc était ~[8] homme.
sourire [suʀiʀ]	lächeln *wird wie* rire *konjugiert* → Verbes, p. 141	Pierre est bizarre: il n'aime pas ~.
le vignoble [ləviɲɔbl]	der Weinberg	Ce grand ~ est dans la région de Lyon.

le lien [ləljɛ̃]	die Verbindung	Quel est le ~ entre tout ça?
goûter qc [gute]	etw. kosten	Hier, j'ai ~[9] une nouvelle boisson.
le camping [ləkɑ̃piŋ]	der Zeltplatz	Mathilde a passé ses vacances au ~ de Nantes.

1 industrielle 2 centrales nucléaires 3 sauvages 4 barrages 5 digues 6 plantes 7 culturelle 8 déguisée en 9 goûté

UNITÉ SUPPLÉMENTAIRE, SÉQUENCE 3

George Sand [ʒɔʀʒsɑ̃]	*französische Schriftstellerin der Romantik* → Civilisation, p. 145	
Nohant [nɔɑ̃]	*Ort im Berry, Landsitz von George Sand*	
grandir [gʀɑ̃diʀ]	aufwachsen *wird wie* réagir *konjugiert* → Verbes, p. 139	Maintenant j'habite en ville, mais j'ai ~[1] à la campagne.
le Berry [ləbɛʀi]	*landschaftlich reizvolle Gegend im Loiretal*	

la vallée [lavale]	das Tal	Elle est belle, cette ~.
la Loire [lalwaʀ]	*Fluss in Frankreich* → Civilisation, p. 146	
l'art [laʀ] *m.* ▶ l'artiste *m./f.*	die Kunst	Claude adore l'~ italien.
la politique [lapɔlitik]	die Politik	Je m'intéresse beaucoup à la ~.
la curiosité [lakyʀjɔzite]	die Neugier	J'aime la ~ des petits enfants.
la mare au diable [lamaʀodjabl]	„Das Teufelsmoor" *Titel eines Romans von George Sand*	
la mare [lamaʀ]	der Tümpel	J'habite à coté d'une ~.
le diable [lədjabl]	der Teufel	Mon petit frère est un vrai ~.
le/la paysan/ne [ləpeizɑ̃/lapeizan]	der Bauer, die Bäuerin	Mon grand-père était ~: il vivait à la campagne.
plus de + *adj. num.* [plysdə] *adv.*	mehr als	Je n'ai pas revu cet ami depuis ~ deux ans.
les beaux-parents [lebopaʀɑ̃] *m. pl.*	die Schwiegereltern	Les ~ de ton père sont les parents de ta mère.

autant de + *Nomen* [otɑ̃də] *adv.*	genauso viel	Elle a ~[2] enfants que sa voisine.
le beau-père / la belle-mère [ləbopɛʀ/labɛlmɛʀ]	der Schwiegervater / die Schwiegermutter	Son ~ est très gentil.
(ê)***se (re)marier*** [sə(ʀə)maʀje]	(wieder) heiraten	Il va ~ l'année prochaine.
la brume [labʀym]	der Nebel	Le matin, en hiver, il y a souvent beaucoup de ~.
la couverture [lakuvɛʀtyʀ]	die Decke	J'utilise cette ~ en hiver.
le mystère [ləmistɛʀ]	das Geheimnis, das Mysterium	Ce château est plein de ~[3].
(ê)***se noyer*** [sənwaje]	ertrinken *wird wie* payer *konjugiert* → Verbes, p. 138	François a toujours peur de ~ parce qu'il ne sait pas bien nager.
le maître [ləmɛtʀə], ***la maîtresse*** [lamɛtʀɛs]	*hier:* der/die Herr/in	
moins de + *adj. num.* [mwɛ̃də] *adv.*	weniger als	Ils sont partis il y a ~ dix minutes.
le courage [ləkuʀaʒ]	der Mut	George Sand avait beaucoup de ~.

1 grandi 2 autant d' 3 mystères

UNITÉ SUPPLÉMENTAIRE, SÉQUENCE 4

Orléans [ɔʀleɑ̃]	*Stadt in Frankreich* → Civilisation, p. 146	
le jazz [lədʒɑz]	der Jazz	J'aime le ~. Mais je préfère la musique pop.
Genève [ʒənɛv]	Genf → Civilisation, p. 145	
au maximum [omaksimɔm]	höchstens	Cette fille a l'air très jeune. Elle a ~ 14 ans.
la différence [ladifeʀɑ̃s] ▶ différent/e *adj.*	der Unterschied	On ne voit presque pas de ~ entre les deux frères.
l'ange [lɑ̃ʒ] *m.*	der Engel	Ce garçon est super gentil. C'est un vrai petit ~!
à propos [apʀɔpo] *adv.*	übrigens	Moi, je suis allé à Paris pendant les vacances. ~, tu ne voulais pas y aller le week-end prochain?
le héros [ləeʀo] / ***l'héroïne*** [leʀɔin] *f.*	der Held / die Heldin	Quand j'étais petit, mon frère était un ~ pour moi.

Jeanne d'Arc [ʒandaʀk]	Johanna von Orléans → Civilisation, p. 144	
contrairement à [kɔ̃tʀɛʀmɑ̃] *adv.*	im Gegensatz zu	Mon frère est bon en maths. Moi aussi. Mais ~ lui, je suis nul en chimie.
l'exposition [lɛkspozisjɔ̃] *f.*	die Ausstellung	Julie s'intéresse beaucoup à l'art. Demain, elle va visiter une nouvelle ~.
fasciner qn [fasine]	jdn faszinieren	La musique de Chopin me ~[1].
le/la berger/-ère [ləbɛʀʒe/labɛʀʒɛʀ]	der/die Schäfer/in	Pour être ~, il faut aimer la nature.
timide [timid] *m./f. adj.*	schüchtern	Gaël sait beaucoup de choses, mais il ne parle pas. Il est très ~.
chasser qn [ʃase]	jdn verjagen	
avouer (qc à qn) [avue]	(jdm etw.) zugeben	J'~[2] que j'ai fait une grande bêtise.
Avoue qu'il faut le faire! [avukilfoləfɛʀ]	*hier:* Wahnsinn, oder?	Julien a réussi le concours d'entrée. ~!
banal/e [banal] *adj.* / ⚠ ***banals*** [banal] *m. pl.*	banal, unwichtig	Cet examen n'est pas ~!

d'autre [dotʀ] *adv.*	*hier:* außerdem	Qu'est-ce que tu veux faire ~?
pas grand-chose [pagʀɑ̃ʃoz]	nichts Besonderes	– Qu'est-ce que tu as fait le dernier week-end? – ~. J'ai beaucoup dormi.
floral/e [flɔʀal] *adj.* / ***floraux*** [flɔʀo] *m. pl.* ▶ la fleur	Blumen- *in Verbindung mit einem Nomen*	Je voudrais bien aller à l'exposition ~³.
l'occasion [lɔkazjɔ̃] *f.*	die Gelegenheit	À Montréal, j'ai eu l'~ d'aller au festival de jazz.
brésilien/ne [bʀeziljɛ̃/bʀeziljɛn] *adj.*	brasilianisch	
la province [lapʀɔvɛ̃s]	die Provinz	Ludivine veut vivre dans la capitale, pas en ~.
dynamique [dinamik] *m./f. adj.*	dynamisch, lebhaft	Paris est une ville ~.
le produit [ləpʀɔdɥi]	das Produkt	Le vendeur offre un nouveau ~.
parler haut [paʀleo]	laut sprechen	Je n'aime pas ~ très ~.
absolument [apsɔlymɑ̃] *adv.*	absolut, unbedingt	Je viens avec toi au cinéma. C'est ~ sûr.

classique [klasik] *m./f. adj.*	klassisch	Mes parents adorent la musique ~.
le style [ləstil]	der Stil	Il y a beaucoup de ~[4] dans la musique.
mener qc [məne]	etw. führen *wird wie* amener *konjugiert* → Verbes, p. 138	Mon voisin n'a pas d'amis. Il ~[5] une vie très triste.
réaliser qc [ʀealize]	etw. verwirklichen	Pour ~ ses rêves, il faut être courageux.

1 fascine 2 avoue 3 florale 4 styles 5 mène

UNITÉ RÉVISION, Prologue

Esmeralda [ɛsmeʀalda]	*Figur aus dem Roman „Notre-Dame de Paris" von Victor Hugo*	
Quasimodo [kazimɔdo]	*Figur aus dem Roman „Notre-Dame de Paris" von Victor Hugo*	
le prologue [ləpʀɔlɔg]	der Prolog, die Vorrede	Une pièce de théâtre commence souvent par un ~.
le/la présentateur/-trice [ləpʀezɑ̃tatœʀ/lapʀezɑ̃tatʀis]	*hier:* der/die Erzähler/in	

régner [ʀeɲe]	regieren, herrschen *wird wie* préférer *konjugiert* → Verbes, p. 138	Louis XI a ~[1] en France au Moyen-Âge.
Louis XI [lɥiɔ̃z]	Ludwig XI. *von 1461 bis 1483 König von Frankreich*	
l'économie [lekɔnɔmi] *f.*	die Wirtschaft	On dit que l'~ est en crise.
la pitié [lapitje]	das Mitleid, das Erbarmen	Le prof de maths n'a pas de ~ pour moi.
le peuple [ləpœpl]	das Volk	Le ~ de Paris est descendu dans la rue.
l'île de la Cité [lildəlasite]	*Insel in der Seine, auf der sich Notre-Dame befindet*	
public/publique [pyblik] *adj.*	öffentlich	Dans les grandes villes, on trouve beaucoup de places ~[2].
le parvis [ləpaʀvi]	*der Vorplatz einer Kirche oder eines Tempels*	Le ~ de Notre-Dame est une place publique.
populaire [pɔpylɛʀ] *m./f. adj.*	volkstümlich, beliebt	Tout le monde connaît cette chanson. Elle est très ~.
le/la bohémien/ne [ləbɔemjɛ̃/labɔemjɛn]	der/die Zigeuner/in *veraltet*	Les ~[3] sont des gens du voyage.

la chèvre [laʃɛvʀə]	die Ziege	J'aime le fromage de ~.
la Cour des miracles [lakuʀdemiʀaklə]	*wörtlich* der „Hof der Wunder“	

Der Cour des miracles *war ein typischer Ort im mittelalterlichen Frankreich. Allein in Paris gab es zwölf davon. Tausende von Bettlern und Räubern lebten hier gemeinsam mit ihrem „König“. Von Fremden wurde dieser Ort gemieden, da sie hier um ihr Leben fürchten mussten.*

le/la mendiant/e [ləmɑ̃djɑ̃/lamɑ̃djɑ̃t]	der/die Bettler/in	Les ~[4] vivent dans la rue.
le/la spectateur/-trice [ləspɛktatœʀ/laspɛktatʀis] ▶ le spectacle	der/die Zuschauer/in	Il y avait beaucoup de ~[5] hier au Cirque du soleil.
nul/le [nyl] *pron.*	*hier:* niemand *Literatursprache, veraltet*	~ ne sait qui je suis.
les grands chemins [legʀɑ̃ʃəmɛ̃]	*veraltet:* die Landstraße	

1 régné 2 publiques 3 bohémiens 4 mendiants 5 spectateurs

UNITÉ RÉVISION, premier tableau

Frollo [fʀɔlo]	*Figur aus dem Roman „Notre-Dame de Paris" von Victor Hugo*	
l'archidiacre [laʀʃidjakʀ] *m.*	der Archidiakon *Stellvertreter des Bischofs im Mittelalter*	
la science [lasjɑ̃s]	die Wissenschaft	La physique est une ~.
transformer qc [tʀɑ̃sfɔʀme]	etw. umwandeln, etw. verwandeln	Tu sais ~ les carottes en chocolat?
le plomb [ləplɔ̃]	das Blei	Le ~ est gris.
l'or [lɔʀ] *m.*	das Gold	Ma grand-mère a une dent en ~.
le sonneur [ləsɔnœʀ]	der Glöckner, der Küster	Le ~ de Notre-Dame est très célèbre.
la cloche [laklɔʃ]	die Glocke	Dans cette cathédrale, il y a une grande ~.
adopter qn [adɔpte]	jdn adoptieren	Mes voisins veulent ~ un petit garçon.
difforme [difɔʀm] *m./f. adj.*	verunstaltet	Depuis son accident, son pied est ~.
en aparté [ɑ̃napaʀte]	abseits von den anderen	

fou [fu] / ***folle*** [fɔl] *adj.* fou/folle ≠ raisonnable *m./f.*	verrückt	Il est ~, cet homme!
le prêtre [ləpʀɛtʀ]	der Priester	Le ~ discute avec le sonneur dans la cathédrale.
le malheur [ləmalœʀ]	das Unglück	Il a eu beaucoup de ~ dans sa vie: il a perdu sa femme et son travail.
le diable [lədjabl]	der Teufel	On dit que le ~ vit en enfer.
(ê)***s'incarner en qn/qc*** [sɛ̃kaʀneɑ̃]	von jdm/etw. Gestalt annehmen	Frollo croit que le diable ~[1] Esmeralda.
détourner qc [detuʀne]	etw. abwenden/wegdrehen	Quand j'ai vu l'accident j'ai ~[2] la tête.
éternel/le [etɛʀnɛl] *adj.*	ewig	Rien n'est ~!
l'ange [lɑ̃ʒ] *m.*	der Engel	Merci, tu es un ~.
l'espoir [lɛspwaʀ] *m.* ► espérer	die Hoffnung	Il ne faut jamais perdre ~!
enlever qn [ɑ̃ləve]	*hier:* jdn entführen *wird wie* peser *konjugiert* → Verbes, p. 138	Hier soir, un homme a ~[3] deux enfants.

la sorcière [lasɔʀsjɛʀ]	die Hexe	Au Moyen-Âge, on croyait aux ~[4].
enfermer qn [ɑ̃fɛʀme]	jdn einschließen, jdn einsperren	J'ai ~[5] le chien dans la voiture.
la religion [laʀəliʒjɔ̃]	die Religion	En France, il n'y a pas de cours de ~ à l'école.
commander (qc à qn) [kɔmɑ̃de]	*hier:* (jdm etw.) befehlen	Mon frère m'énerve: il veut toujours ~.

1 s'incarne en 2 détourné 3 enlevé 4 sorcières 5 enfermé

UNITÉ RÉVISION, deuxième tableau

sombre [sɔ̃bʀ] *m./f. adj.* sombre ≠ clair/e	dunkel	Aujourd'hui il pleut et il fait ~.
Phoebus [febys]	*Figur aus dem Roman „Notre-Dame de Paris" von Victor Hugo*	
le capitaine [ləkapitɛn]	*hier:* der Hauptmann	Le ~ commande à ses hommes.
le soldat [ləsɔlda]	der Soldat	Les ~[1] ne veulent plus se battre.

le prince / la princesse [ləpʀɛ̃s/lapʀɛ̃sɛs]	der Prinz, die Prinzessin	La fille d'un roi, c'est une ~².
la garde [lagaʀd]	die Wache	
emmener qn/qc [ɑ̃mne]	jdn/etw. mitnehmen, jdn abführen *wird wie* amener *konjugiert* → Verbes, p. 138	Ludovic a ~³ son frère chez le médecin.
⁽ᵉ̂⁾***s'éveiller*** [seveje]	erwachen	La ville ~⁴ quand les gens vont au travail.
au fond de qc [ofɔ̃də] *adv.*	tief in etw., auf dem Grund von etw.	Mon portable est ~ mon sac.

1 soldats 2 princesse 3 emmené 4 s'éveille

UNITÉ RÉVISION, troisième tableau

voilà que [vwalakə]	auf einmal	Il faisait très beau; ~¹ il a commencé à pleuvoir.
la foule [laful]	die Menschenmenge, die Meute	La ~ furieuse est devant le stade.
terriblement [tɛʀibləmɑ̃] *adv.*	schrecklich, furchtbar	Ce film de guerre est ~ réaliste.

terrible [tɛʀibl] *adj.*	schrecklich, furchtbar	Ce garçon est un enfant ~: il ne fait jamais ses devoirs.
entourer qn/qc [ɑ̃tuʀe]	jdn/etw. umringen, umzingeln	Les soldats ~[2] le village indien.
mener qn à qn/qc [məne]	jdn zu jdm/etw. führen *wird wie* amener *konjugiert* → Verbes, p. 138	Il ~[3] son correspondant à la gare.
la corde [lakɔʀd]	der Strick	Elle est longue, cette ~!
le cou [ləku]	der Hals	Depuis l'accident de voiture, j'ai mal au ~.
pendre qn/qc [pɑ̃dʀ]	jdn/etw. aufhängen *wird wie* attendre *konjugiert* → Verbes, p. 139	La corde ~[4] par la fenêtre.
ne … que [nəkə] *adv.*	nur	Quasimodo ~[5] est ~ le pauvre sonneur de Notre-Dame.
ennuyer qn [ɑ̃nɥje] ▶ ennuyeux/-euse *adj.*	jdn langweilen *wird wie* payer *konjugiert* → Verbes, p. 138	Ma sœur m'~[6] avec ses histoires de cœur.
à moins que [amwɛ̃kə] + *subj.*	es sei denn	Je veux bien aller au cinéma demain, ~[7] il fasse très beau.

le mari [ləmaʀi]	der Ehemann	Le ~ de ma mère, c'est mon père.
jaloux/-se [ʒalu/ʒaluz] *adj.*	eifersüchtig	Le copain d'Élodie est très ~ quand elle parle avec d'autres garçons.
maigre [mɛgʀ] *m./f. adj.* maigre ≠ gros/se	mager, dürr	Depuis qu'elle est malade, elle est très ~.

1 voilà qu' 2 entourent 3 mène 4 pend 5 n' est que 6 ennuie 7 à moins qu'

UNITÉ RÉVISION, quatrième tableau

entre temps [ɑ̃tʀətɑ̃] *adv.*	inzwischen, in der Zwischenzeit	Aujourd'hui, il faut que j'aille chez le médecin et chez ma grand-mère. Mais ~ il faut aussi que je fasse les courses.
subir qc [sybiʀ]	etw. ertragen, erleiden *wird wie* réagir *konjugiert* → Verbes, p. 139	Tous les jours, il ~[1] le bruit de ses voisins.
le supplice [ləsyplis]	die Folter, die Qual	Je me lève le matin à six heures. Quel ~!
la roue [laʀu]	das Rad	

souffrir [sufʀiʀ]	leiden *wird wie* ouvrir *konjugiert* → Verbes, p. 140	Pierre a mal au ventre: il ~[2] beaucoup.
le cri [ləkʀi] ▶ crier	der Schrei	Tu as entendu ce ~?
la goutte [lagut]	der Tropfen	Aurélie a bu son verre de lait jusqu'à la dernière ~.
l'occasion [lɔkazjɔ̃] *f.*	die Gelegenheit	Je voulais visiter Notre-Dame à Paris, mais je n'en ai pas eu l'~.
prouver qc à qn [pʀuve]	jdm etw. beweisen	Matthieu veut ~ son amour ~ Mélanie.

1 subit 2 souffre

UNITÉ RÉVISION, cinquième tableau

l'auberge [lobɛʀʒ] *f.*	das Wirtshaus, die Herberge	Hier soir, nous avons mangé dans une ~.
le couteau / les couteaux [ləkuto/lekuto]	das Messer	Pour manger, j'ai besoin d'un ~.

le coup de couteau [ləkudəkuto]	der Messerstich	Hier soir, dans le film policier, un personnage a reçu un ~.
accuser qn de qc [akyze]	jdn wegen etw. beschuldigen	Il ne faut jamais ~ quelqu'un sans avoir de bonnes raisons.
le meurtre [ləmœʀtʀ]	der Mord	Le ~ s'est passé dans la forêt.
la sorcellerie [lasɔʀsɛlʀi]	die Hexerei	Et toi? Est-ce que tu crois à la ~?
protéger qn/qc [pʀɔteʒe] ► la protection	jdn/etw. beschützen *wird wie* manger *konjugiert* → Verbes, p. 138	Les parents ~[1] leurs enfants.
le droit [lədʀwa]	das Recht	Dans de nombreux pays, les enfants n'ont pas de ~[2].
l'asile [lazil] *m.*	das Asyl	La situation dans son pays est dangereuse pour lui. C'est pourquoi il demande l'~ en France.
de nos jours [dənoʒuʀ] *adv.*	heutzutage	~, ce n'est pas facile d'avoir le droit d'asile.

le toit [lətwa]	das Dach	Les oiseaux chantent sur le ~ de la maison.
la misère [lamizɛʀ]	die Misere, das Elend	Les mendiants vivent dans la ~.
la barrière [labaʀjɛʀ]	*hier:* die Schranke, das Hindernis	
arrêter qn [aʀɛte]	jdn festnehmen	Les policiers ont ~[3] l'homme qui a volé la voiture de ma grand-mère.

1 protègent 2 droits 3 arrêté

Les länder allemands et les régions françaises Deutsche Bundesländer und französische Regionen

le Bade-Wurtemberg
la Basse-Saxe
la Bavière
Berlin
le Brandebourg
Brême
Hambourg
la Hesse
le Mecklembourg-Poméranie-Antérieure
la Rhénanie-Palatinat
la Rhénanie-du-Nord-Westphalie
la Sarre
la Saxe
la Saxe-Anhalt
le Schleswig-Holstein
la Thuringe

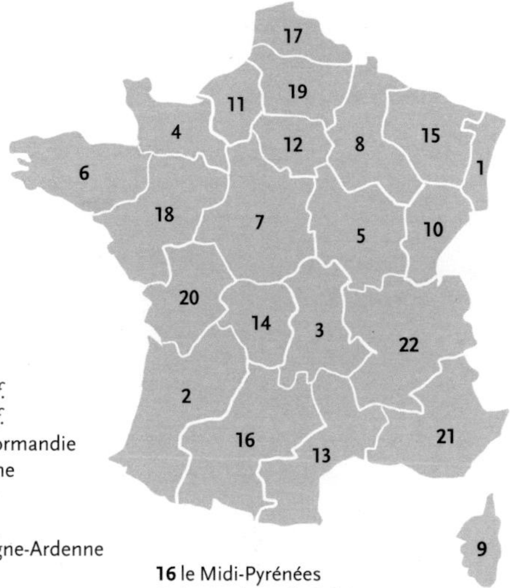

1 l'Alsace *f.*
2 l'Aquitaine *f.*
3 l'Auvergne *f.*
4 la Basse-Normandie
5 la Bourgogne
6 la Bretagne
7 le Centre
8 la Champagne-Ardenne
9 la Corse
10 la Franche-Comté
11 la Haute-Normandie
12 l'Île de France *f.*
13 le Languedoc-Roussillon
14 le Limousin
15 la Lorraine
16 le Midi-Pyrénées
17 le Nord-Pas de Calais
18 les Pays de la Loire
19 la Picardie
20 le Poitou-Charentes
21 la Provence-Alpes-Côte d'Azur (PACA)
22 le Rhône-Alpes

Pays du monde **Rund um den Globus**

Verbinde jedes Land mit der passenden Nationalität.

weibliches Land: **en/de** + Ländername
männliches Land: **au/du** + Ländername
Land im Plural: **aux/des** + Ländername
Land ohne Artikel: **à/de** + Ländername

Pays	**Nationalité**
Allemagne *f.*	Tunisien/ne
Autriche *f.*	Polonais/e
Belgique *f.*	Suédois/e
Espagne *f.*	Italien/ne
France *f.*	Chinois/e
Grèce *f.*	Allemand/e
Italie *f.*	Belge
Suède *f.*	Néerlandais/e
Pologne *f.*	Québéquois/e
Tunisie *f.*	Luxembourgeois/e
Chine *f.*	Danois/e
Chypre	Portugais/e
Malte	Viêtnamien/ne
Danemark *m.*	Canadien/ne
Luxembourg *m.*	Espagnol/e
Portugal *m.*	Autrichien/ne
Canada *m.*	Grec/Grecque
Québec *m.*	Maltais/e
Viêtnam *m.*	Chypriote
Pays-Bas *m. pl.*	Français/e

Colorie en vert les pays où l'on parle français. Connais-tu d'autres pays ou régions francophones?

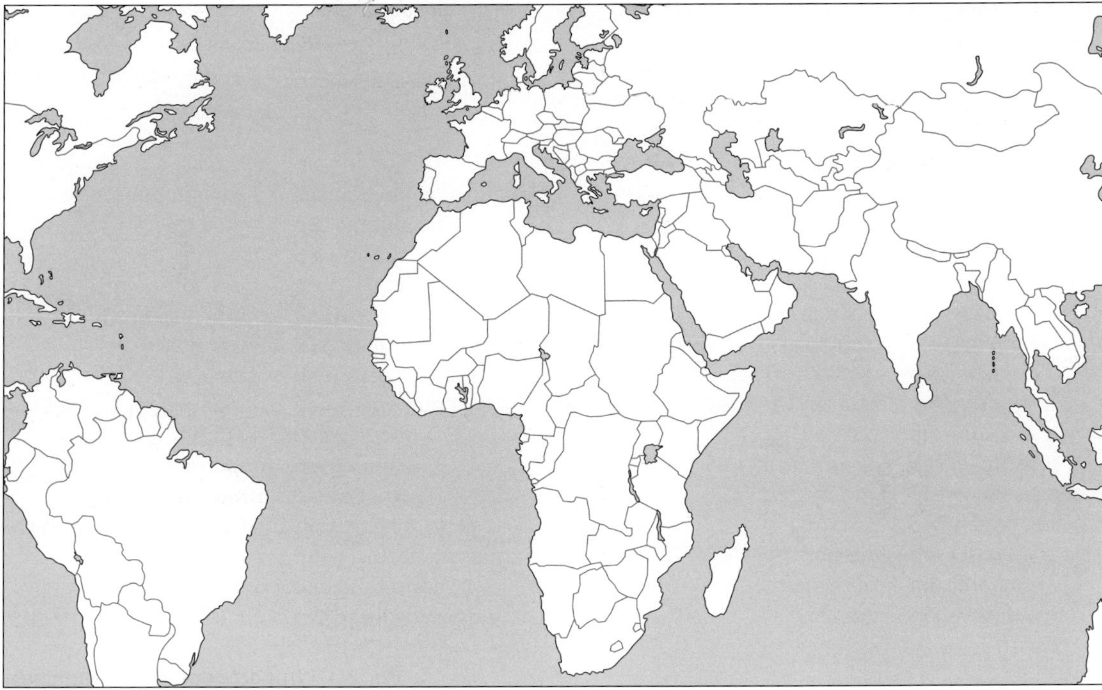

Bon appétit! **Guten Appetit!**

la baguette	das Stangenweißbrot
la tartine	das Butterbrot
le pain au chocolat	das Schokocroissant
les céréales [leseʀeal] *f. pl.*	Cornsflakes, Müsli
le yaourt	der Joghurt
la crème	die Sahne
l'œuf *m.*	das Ei
la charcuterie	der Wurst- und Fleischaufschnitt
la viande	der Fleisch
le steak	das Steak
saignant/e *adj.*	blutig
bien cuit/e *adj.*	durch (gebraten)
la dinde	die Pute
le poulet	das Hühnchen
l'andouillette *f.*	kleine Wurst aus Innereien
le potage	die Suppe

le gratin	der Auflauf
les pâtes *f. pl.*	die Nudeln
le poisson	der Fisch
l'huître *f.*	die Auster
les crudités *f. pl.*	der Rohkostsalat
les légumes *m. pl.*	das Gemüse
le poivron	die Paprikaschote
la pomme de terre	die Kartoffel
les fruits *m. pl.*	das Obst
la banane	die Banane
l'orange *f.*	die Orange
la crêpe	die Crêpe
la farine	das Mehl
le jus de fruits	der Saft
l'eau *f.*	das Wasser
le coca	die Cola
le lait	die Milch
le café	der Kaffee
le chocolat	Kakao, Schokolade
le thé [ləte]	der Tee
l'infusion [lɛ̃fyzjɔ̃] *f.*	der Kräutertee

C'est bon!

C'est frais.

C'est délicieux! [sɛdelisjø]

Je reprendrais bien un peu de ...

C'est mauvais!

C'est trop cuit.

Non merci.

Je n'ai plus faim/soif.

Je n'en veux plus.

acide	sucré	amer	salé
 ______	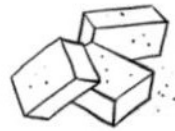 ______	 ______	 ______
 le vinaigre	 ______	 ______	 ______
 ______	 ______	 l'endive *f.*	 ______
 ______	 ______	 l'artichaut *m.*	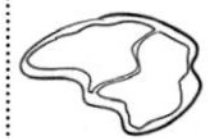 ______
 ______	 ______	 le pamplemousse	 ______
 la choucroute	 ______		 ______
 les cornichons *m. pl.*	 ______		 ______

En voiture, s'il vous plaît! **Alles einsteigen!**

le métro	die U-Bahn
le RER	die Pariser S-Bahn
la ligne de métro	die Linie
la direction	die Richtung
la station	die Station
le terminus	die Endstation
l'arrêt *m.* [laʀɛ]	die Haltestelle
la correspondance [lakɔʀɛspɔ̃dɑ̃s]	der Anschluss
la sortie [lasɔʀti]	der Ausgang
le ticket [lətikɛ]	der Fahrschein
le carnet (de tickets) [ləkaʀnɛ]	der Fahrscheinblock
la carte orange [lakaʀtɔʀɑ̃ʒ]	Name der Wochen-, Monats- oder Jahreskarte für die öffentlichen Verkehrsmittel in Paris
le distributeur [ledistʀibytœʀ]	der Automat
le plan (du métro)	der Plan
le trajet [lətʀaʒɛ]	die Strecke, der Weg
l'horaire *m.* [lɔʀɛʀ]	der Fahrplan, die Fahrzeit
le tarif [lətaʀif]	der Preis, der Tarif
la réduction [laʀedyksjɔ̃]	die Ermäßigung
le forfait [ləfɔʀfɛ]	der Pauschaltarif
prendre le métro	U-Bahn fahren

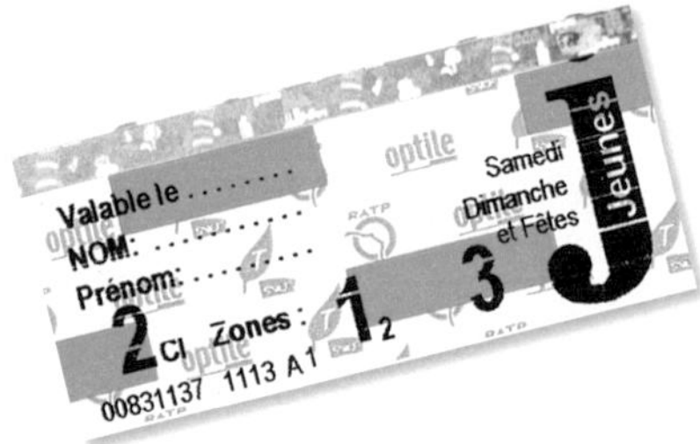

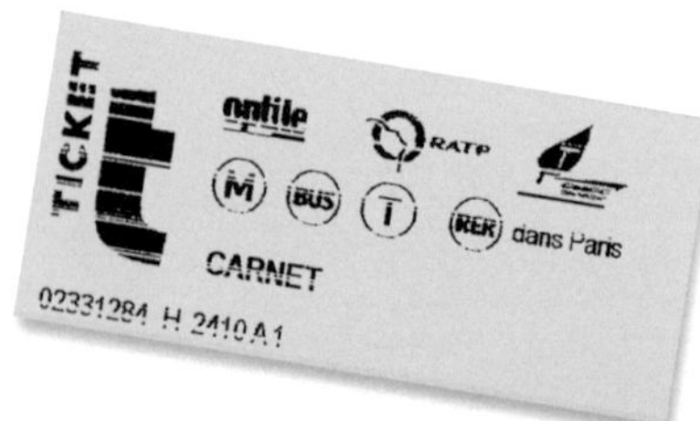

monter à (Nation)	einsteigen
changer à (Châtelet les Halles)	umsteigen
descendre à (Iéna)	aussteigen

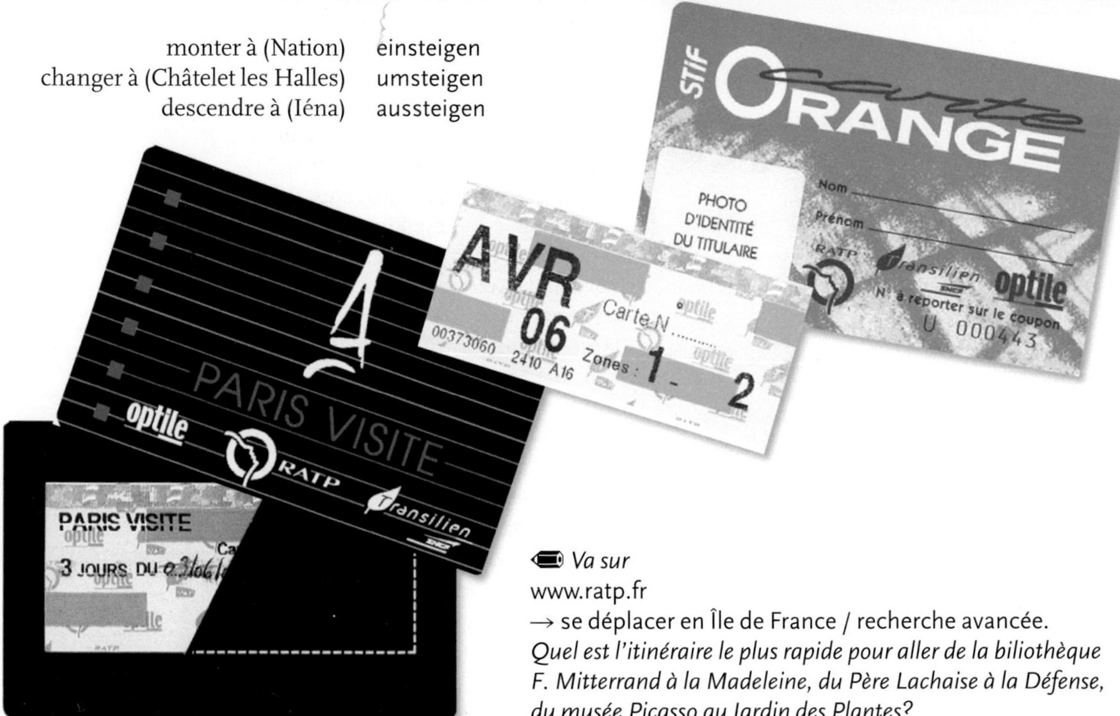

Va sur
www.ratp.fr
→ se déplacer en Île de France / recherche avancée.
Quel est l'itinéraire le plus rapide pour aller de la biliothèque F. Mitterrand à la Madeleine, du Père Lachaise à la Défense, du musée Picasso au Jardin des Plantes?

Expressions québécoises **So spricht man in Quebec!**

Il mouille.	Il pleut.
Il mouille à boire debout.	Il pleut très fort.
Il fait frette.	Il fait très froid.
C'est pas si pire.	C'est bien mais ça pourrait être mieux.
C'est patte.	C'est ennuyeux.
C'est pas d'à cause.	Tu as raison!
C'est platte!	C'est dommage!
C'est tigidou!	D'accord!
être fin/e [ɛtʀfɛ̃/ɛtʀfin]	être gentil/le
être ben chum avec qn [ɛtʀbɛ̃ʃum]	être bien copain avec qn
être crampant/e *adj.*	être très drôle
être game de + *inf.* [ɛtʀgam]	avoir le courage de + *inf.*
être dans le jus	avoir beaucoup de travail
mon blond / ma blonde	mon amoureux/-euse
J'en arrache en anglais!	J'ai des difficultés en anglais.
Je suis mal pris.	J'ai besoin d'aide.
avoir son voyage	en avoir vraiment assez de qc
avoir un kick sur qn	tomber amoureux de qn
avoir une drôle de bine [avwaʀyndʀoldəbin]	avoir un air bizarre
casser avec son chum	se séparer de son petit ami
tripper sur qc/qn	adorer qc/qn

être crackpot	verrückt sein
piquer une jasette	sich lange mit jdm unterhalten
Mange pas tes bas!	Bleib ruhig!
pantoute	ganz und gar nicht
brailler	weinen
C'est tiguidou!	Es klappt!
Y'a pas d'trouble!	Keine Ursache!
faire dur	müde/schlecht aussehen
faire la baboune	ein langes Gesicht ziehen
prendre un break	eine Pause machen
être gras dur	Glück haben
se sucrer le bec	leckere Speisen genießen
tomber en amour	sich verlieben

Sammle weitere Ausdrücke und gestalte ein Plakat damit! (→ Livre, p. 97)

Les médias *m. pl.* **Die Medien**

✎ *Mit Hilfe eines Vokabelnetzes* (associogramme) *kannst du Vokabeln wiederholen. In der* Unité 4 *hast du Wortschatz zu* „les médias“ *gelernt. Erstelle zu diesem Thema ein Vokabelnetz.*

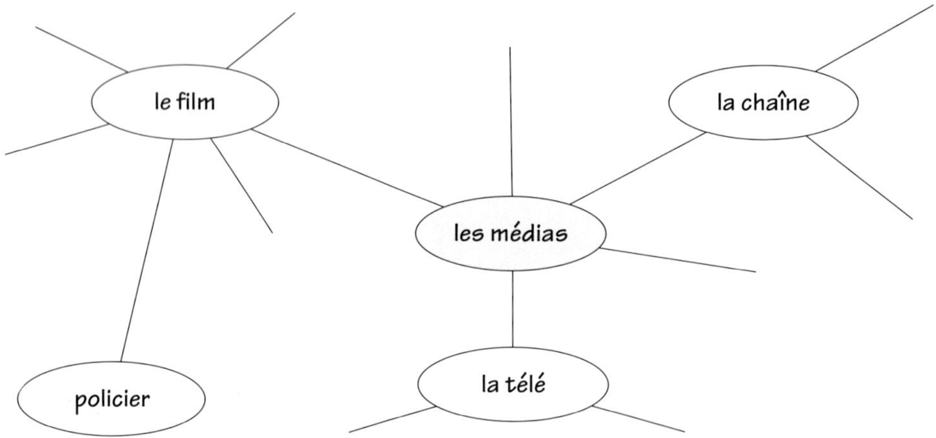

Présenter un livre **Ein Buch vorstellen**

Ort und Zeit: L'histoire se passe à (Paris).
L'histoire se passe en (1954/ France).

Thema/Handlung: Le thème, c'est ___ .
Ce livre raconte l'histoire de ___ .
L'auteur parle de ___ .
Au début / À la fin, ___ .
Il y a du suspense / de l'action.

Personen: Le personnage principal est ___ .

Bewertung: Les acteurs sont bons/mauvais/naturels ___ .
Les acteurs jouent bien/mal.
C'est un film qui me plaît. / qui me touche. / qui fait réfléchir.
C'est ennuyeux/drôle/intéressant/___ .
C'est bien écrit / bien construit.
Ça donne envie de continuer.
On peut s'identifier à ___ .
C'est une émission où on apprend plein de choses.
C'était facile / difficile à lire.
Il y a plein de mots / d'expressions drôles / bizarres / ___ .
Ce que j'ai aimé, c'est / ce sont ___ .

Va sur www.grainesdelecture.com *et fais une fiche de lecture sur un livre qui t'a plu.*

Décrire quelqu'un **Eine Person beschreiben**

Le physique **Das Aussehen**

Il/Elle est | grand/e, petit/e, mignon/ne, moche, brun/e, roux/rousse, ____.

Il/Elle a | une petite tête, de longues jambes, les cheveux bruns, ____.

Il/Elle a l'air | fatigué/e, crevé/e, pâle, en forme, déprimé/e, ____.

Le caractère **Der Charakter**

Il/Elle est | sympa, drôle, génial/e, lent/e, sévère, courageux/-euse, égoïste, agressif/-ve, gentil/le, économe, calme, bizarre, sensible, raisonnable, fier/-ière, timide, fantastique, gâté/e, ____.

Les vêtements *m. pl.* **Die Kleider**

Il/Elle est | tendance, chic, à la mode.

Il/Elle s'habille | bien, mal.